「M&A特別委員会」設置・運営の実務

Mergers and Acquisitions

西村あさひ法律事務所・外国法共同事業
弁護士
森本大介・小林咲花 編著
白澤秀己・金﨑拓磨・金子弘平・中村日菜美・黒崎万里 著

中央経済社

はしがき

　本書は，M&A取引において設置される特別委員会について解説した本である。かかる特別委員会は，典型的には買収者と一般株主との間での利益相反が問題となる類型のM&A取引において，当該取引の対象となる上場会社に設置されるものである。

　これらのM&Aにおける特別委員会は，令和元年6月28日に経済産業省が策定・公表した「公正なM&Aの在り方に関する指針―企業価値の向上と株主利益の確保に向けて―」（以下「公正M&A指針」という）において，その概要が説明されており，実務上の基本的な指針となってきた。現在，公正M&A指針の策定から5年以上が経過したが，この間，公正M&A指針が対象とするM&A取引は多数実行され，プラクティスが蓄積されてきている[1]。具体的には，公正M&A指針が策定された令和元年6月28日以降，令和5年12月31日までの間に，MBOが59件，子会社化等が84件，公表されている。また，公正M&A指針が直接の対象とする上記以外の取引においても，公正M&A指針が参照され，特別委員会が設置される事例が増えている。

　また，経済産業省は，令和5年8月31日に，「企業買収における行動指針―企業価値の向上と株主利益の確保に向けて―」（以下「企業買収指針」という）を策定・公表した。企業買収指針は，上場会社の経営支配権を取得する買収を巡る当事者の行動の在り方を中心に，M&Aに関する公正なルール形成に向けて経済社会において共有されるべき原則論およびベストプラクティスを提示することを目的とされており，特別委員会についても，株主の利益を確保するた

1　平成19年9月4日に経済産業省が策定・公表された「企業価値の向上及び公正な手続確保のための経営者による企業買収（MBO）に関する指針」（以下「MBO指針」という）時代からのものを含めるとより数は増えるが，本書では公正M&A指針公表後のものに焦点を絞っている。

めに有用な措置であることが指摘されている。また，公正M&A指針が，買収者と一般株主との間での利益相反が問題となる類型のM&A取引を対象とした指針であったことに対し，企業買収指針は，同意なき買収（これまで敵対的買収と呼ばれていたものを含む，対象会社の取締役会の賛同を得ずに行う買収をいう）を含め，上場会社の経営支配権を取得する行為を対象として策定されたものであり，対象が広い。このため，企業買収指針の策定・公表により，特別委員会が設置されるケースは今後ますます増えていくものと考えられるが，企業買収指針の策定・公表から日が浅いことも踏まえ，本書では企業買収指針を参照しつつも，主として公正M&A指針が対象としている取引を念頭に執筆したものである。

　筆者らは，特別委員会，特別委員会の設置された対象会社，または特別委員会と対峙する買収者側の法務アドバイザーとして，各種のM&A取引に関与する機会に恵まれてきた。これらの経験を踏まえ，本書では，公正M&A指針や企業買収指針では必ずしもカバーされていない実務的な問題や，今後の議論の蓄積が期待される問題（第7章で述べる，公正M&A指針が直接の対象としていない取引での特別委員会に関する問題等）についても検討・解説するように心がけた。

　加えて，本書は，公正M&A指針が策定されて以降の事例に関する公開情報の分析・整理を行うだけでなく，上記のような筆者らの経験に基づく具体的な説明を盛り込んでいる。これにより，筆者らのように特別委員会や特別委員会の設置された対象会社等の法務アドバイザーとなる法律実務家だけでなく，特別委員会の委員やその候補者となりうる社外役員や専門家，プロジェクトメンバーや事務局等として特別委員会に関与する可能性がある対象会社の役職員，特別委員会のファイナンシャル・アドバイザー等の，特別委員会に関わるあらゆる人が，特別委員会の設置の要否や委員構成の検討，実際の会議運営，答申の取りまとめといった各段階における留意点を確認することのできる，座右の書となることを目指している。

本書の執筆に際しては，各執筆者がそれぞれ経験してきた知見を持ち寄るとともに，それぞれの視点から互いの原稿に目を通すことで，1つの書籍を作成することに留意した。われわれ執筆者としては，公表情報からは明らかとならず，必ずしもまだ確立しているとは言いがたい「プラクティス」についても，できる限り検討・説明し，今後の特別委員会実務の発展に資するよう，最善を尽くしたものである。

　もとより，本書中の意見にわたる記述は，各執筆者の現時点における個人的な見解であり，執筆者が所属する西村あさひ法律事務所の見解ではないが，本書の執筆にあたり，各執筆者は同事務所の同僚から，さまざまな有益な示唆を受けた。また，本書の執筆にあたっては，各執筆者が特別委員会や特別委員会の設置された対象会社等の法務アドバイザーとして経験してきた各案件において，各執筆者にご依頼くださり，ともに知恵を絞ってきた，特別委員や対象会社などの関係者の皆様との議論や経験に依って立つところが大きい。これらすべての関係者の皆様に対して，この場を借りて改めて感謝の意を表したい。

　最後に，本書が刊行に至ることができたのは，中央経済社の石井直人氏のご尽力の賜物である。細部まで緻密な編集作業を行ってくださった石井直人氏に対し，ここに改めて心から御礼申し上げる。

　令和6年6月28日

執筆者を代表して
西村あさひ法律事務所
　　弁護士　**森本　大介**

目　次

はしがき　i

第1章　M&Aにおける「特別委員会」とは

1 はじめに　2
2 特別委員会の具体的活動と本書の構成　4
3 特別委員会の役割（第2章）　10
　(1) 特別委員会の必要性　10
　(2) 特別委員会に期待される機能・役割　10
4 特別委員会に関する規制（第3章）　11
　(1) 公正M&A指針　11
　(2) 開示規制　11
　(3) 会社法　12
　(4) コーポレートガバナンス・コードによる規制　12
5 特別委員会の具体的活動・スケジュール（第4章）　13
　(1) スケジュール　13
　(2) 諮問事項・特別委員会の答申結果の位置づけ　13
　(3) 特別委員会の具体的活動　14
　(4) 答　申　14
6 特別委員会の組成・人選（第5章）　14
　(1) 組成の実態　15
　(2) 特別委員の候補者　15
　(3) 特別委員の構成　15

(4)　特別委員の報酬　16
　(5)　専門家の必要性・役割　16
7　特別委員会の運営上の留意点（第6章）　16
　(1)　特別委員会の開催に関する留意点　16
　(2)　特別委員会の運営に関する留意点　17
8　公正M&A指針の対象外の取引と特別委員会（第7章）　17
　(1)　検討対象とする取引類型　18
　(2)　公正M&A指針において例示された取引類型　18
　(3)　支配株主が従属会社の株式を売却する取引　18
　(4)　独立当事者間のキャッシュ・アウト　19

第2章　特別委員会の役割

1　特別委員会の必要性　22
2　特別委員会に期待される機能・役割　25
　(1)　企業価値向上の観点　26
　(2)　株主利益への配慮の観点　27

第3章　特別委員会に関する規制

1　特別委員会の法的根拠（公正M&A指針含む概観）　32
2　公正M&A指針　33
　(1)　策定の経緯および位置づけ　33
　(2)　特別委員会に関する指針（公正M&A指針の概要）　36

3 開示規制　37
　(1)　総　論　37
　(2)　金融商品取引法　38
　(3)　上場規則　43
　(4)　特別委員会に関する具体的記載内容　48
4 会社法による規制　85
　(1)　業務執行の社外取締役への委託　85
　(2)　報　酬　90
5 コーポレートガバナンス・コードによる規制　90

第4章　特別委員会の具体的活動・スケジュール

1 全体的なスケジュール　94
2 特別委員会のスケジュール　96
　(1)　回数および設置期間　96
　(2)　開催スケジュール・アジェンダ　102
3 諮問事項・特別委員会の答申結果の位置づけ　105
　(1)　諮問事項　105
　(2)　特別委員会の答申結果の位置づけ　106
4 公正M&A指針における特別委員会への要求事項　108
5 具体的活動　109
　(1)　組成当初の活動　109
　(2)　事業計画の検証　110
　(3)　買付候補者との質疑応答（インタビュー）　111
　(4)　株式価値算定（バリュエーション）　113
　(5)　提示条件の検討・交渉　116

6 答　申　121
　(1) 概　要　121
　(2) 構成・内容　121
　(3) 記載例　130
　(4) 作成方法　135
　(5) 作成時期　135
　(6) その他　135

第5章　特別委員会の組成・人選

1 組成の実態　142
　(1) 設置時期　142
　(2) 委員の構成　150
　(3) 委員の選定プロセス　153
2 特別委員の候補者　153
　(1) 社外取締役　154
　(2) 社外監査役　154
　(3) 社外有識者　155
3 特別委員の構成　156
　(1) 委員の数・属性　156
　(2) 外部アドバイザー　157
　(3) 特別委員選定の具体例　158
4 特別委員の報酬　161
　(1) 報酬の内容　161
　(2) 社外役員の報酬　162
5 専門家の必要性・役割　164

(1)　社外有識者である特別委員　164
　(2)　外部アドバイザーの独立性　164

第6章　特別委員会の運営上の留意点

1　特別委員会の開催に関する留意点　168
　(1)　スケジュール　168
　(2)　開催場所，開催形態　169

2　特別委員会の運営に関する留意点　170
　(1)　プロジェクトチームの組成　170
　(2)　情報管理体制　175
　(3)　議事進行　177
　(4)　特別委員会用の資料等の作成　178
　(5)　議事録　178
　(6)　その他　182

第7章　公正M&A指針の対象外の取引と特別委員会

1　本章で検討対象とする取引類型　184
2　公正M&A指針において例示された取引類型　187
　(1)　大株主等に対する第三者割当増資および大株主等による部分的公開買付けによる実質的支配権の取得における課題　187
　(2)　大株主等に対する第三者割当増資および大株主等による部分的公開買付けによる実質的支配権の取得の実例　188
3　支配株主が従属会社の株式を売却する取引　190

- (1) 支配株主が従属会社の株式を売却する取引における課題　190
- (2) 支配株主が従属会社の株式を売却する取引の実例　195

4　独立当事者間のキャッシュ・アウト　201

- (1) 独立当事者間のキャッシュ・アウトにおける課題　201
- (2) 独立当事者間のキャッシュ・アウトの実例　206
- (3) 独立当事者間のキャッシュ・アウトにおいて特別委員会を設置することの意義　208

第1章

M&Aにおける「特別委員会」とは

1 はじめに

　M&Aにおける「特別委員会」とは，①上場会社におけるMBO（現在の経営者が全部または一部の資金を出資し，事業の継続を前提として一般株主から対象会社の株式を取得する取引），および②支配株主による，上場会社である従属会社の買収（①および②を総称して，以下「MBO等」という），などのM&A取引において対象会社に設置される，任意の合議体である。

　MBO等は，いずれも対象会社の株主を特定の株主のみとすることを目的とする，いわゆる「スクイーズ・アウト取引」の一種であるが，MBO等では，買収者となる経営者または支配株主とその他の一般株主との間で，利益相反が生じる。すなわち，①取締役としては本来買収対価が高くなるように努力すべきところ，MBOにおいては，取締役自らが対象会社株式を取得するため，買収対価を低くするインセンティブを持つことになり，当該取締役と株式の売手である一般株主との間には必然的に利益相反関係が生じる。また，②支配株主による，従属会社の買収においては，株式の買手と売手の関係に立つ支配株主と一般株主との間に利益相反関係が生じるところ，支配株主は議決権行使や取締役派遣等を通じて従属会社の経営に影響を及ぼしうるという関係上，従属会社の取締役が一般株主の利益よりも支配株主の利益を優先してしまうおそれや，支配株主がそうした影響力を背景に自己に有利な取引条件を一方的に決定してしまうおそれがあるという意味での利益相反関係が，必然的に生じる（これらの取引において利益相反関係が必然的に生じてしまう点を捉えて，「構造的な利益相反」ということがある）。MBO等におけるこれらの構造的な利益相反により，対象会社の取締役会の独立性が揺らぎ，取引条件の形成過程において企業価値の向上および一般株主利益の確保の観点が適切に反映されないおそれがあり，かかる問題に対応するため，本来取締役会に期待される役割を補完し，または代替する独立した主体として，特別委員会が設置される（公正M&A指針3.2.1）。

MBO等における特別委員会については，令和元年6月28日に経済産業省が策定・公表した公正M&A指針において，基本的な機能・役割や実務的な運用指針が規定されている[1]。公正M&A指針においては，特別委員会の基本的な機能・役割について，「買収者および対象会社・一般株主に対して中立の第三者的な立場ではなく，対象会社および一般株主の利益を図る立場に立って当該M&Aについて検討や判断を行うことが期待されるものであり，そのような意味で特別委員会が有効に機能した場合には，公正性担保措置として高く評価されると考えられる」（公正M&A指針3.2.1），「特別委員会は，個別のM&Aにおいていかなる公正性担保措置をどの程度講じるべきかの検討を行う役割を担うことが期待されており，手続の公正性を確保する上での基点として位置付けられる。……MBOや支配株主による従属会社の買収において取引条件の公正さを担保する上で，特別委員会を設置することの意義は特に大きいといえ，これを設置することが望ましい」（公正M&A指針3.2.3）等と説明されており，特別委員会は公正性担保措置の中でも非常に重要なものとして位置づけられている。

　上記のとおり，本書の議論の対象とする「特別委員会」は，基本的には，公正M&A指針の対象となる取引であるMBO等の際に設置される「特別委員会」であり，企業不祥事が生じた際に組成される第三者委員会は対象としていない。また，公正M&A指針を継承・発展して策定・公表された企業買収指針は，従来敵対的買収と呼ばれてきた取引を含む概念である「同意なき買収」の場面における特別委員会の役割についても言及しているが，本書ではこの場合の特別委員会についても，対象としていない[2]。

1　なお，公正M&A指針は，MBO指針を全面改訂する形で策定されているが，特別委員会の考え方自体についてはMBO指針の時代から存在しており，公正M&A指針の策定前から，MBO等において特別委員会が設置されることは実務上一般的であった。
2　同意なき買収の場面における特別委員会もMBO等の場面における特別委員会も，取締役会の独立性を補完して利益相反や情報の非対称性の問題を解消し，取引の公正性を確保するために設置されるという点では共通するものの，利益相反や情報の非対称性の内容や，実際の特別委員会の運営等において大きく異なる点があると考えられるため，本書では取り上げないこととしたものである。

他方，上記のとおり，公正M&A指針が直接の対象としていない取引においても，公正M&A指針が参照され，特別委員会が設置される事例も増えており，企業買収指針も，MBO等以外の友好的買収の場面において特別委員会の設置が有益となりうることについて言及していることから，第7章において，どのような取引において特別委員会が設置されることがあるのか，また，それらの取引における特別委員会の運営上の留意点は何かといった点についても記載している。

 なお，公正M&A指針の策定以前は，上記の特別委員会を「第三者委員会」と呼称することも多かったが，公正M&A指針では，「基本的には，（特別委員会は）買収者および対象会社・一般株主に対して中立の第三者的な立場に立つのではなく，対象会社および一般株主の利益を図る立場に立つという点において，例えば企業等に対する中立性が求められる企業等不祥事における第三者委員会とはその位置付けを異にする」との指摘がされており（公正M&A指針脚注27），そのことも踏まえ，公正M&A指針では「特別委員会」との用語が使われている[3]。また，実務的にも「特別委員会」と呼称することが近時は一般的となっている。本書もこれに倣い，基本的に「特別委員会」との用語を使用している。

2 特別委員会の具体的活動と本書の構成

 本書が議論の対象とする特別委員会の概要は上記1のとおりであるが，特別委員会が検討の対象とする取引の流れや，特別委員会の活動の概要を踏まえ，本書の構成を説明したい。

 まず，特別委員会の活動を理解するために，特別委員会による検討の対象となるMBO等のスクイーズ・アウト取引の典型的な取引の流れを説明すると，

---

[3] なお，MBO指針においては，「独立した第三者委員会等に対するMBOの是非及び条件についての諮問」といった記載があり（MBO指針5(2)(i)①等），第三者委員会との用語が用いられている。

たとえば，以下のとおりである。

> ① 対象会社を買収しようと企図する者[4]が，議決権の3分の2以上の獲得を目的に，対象会社株式に対する公開買付け（TOB）を実施する。
> ② 買付予定数の下限以上の応募がなされた場合，TOBが成立し，公開買付者はTOBに応募した株主から株式を取得する。
> ③ 公開買付者は，所有する議決権割合等も踏まえ，株式等売渡請求または株式併合[5]などの手段により，対象会社の株式のすべてを取得する（まずTOBを先行させ，その後に対象会社の株式をすべて取得するために株式等売渡請求または株式併合などの手続を行うことを捉えて，二段階買収ということがある）。

　上記の一連の取引は，TOBを開始する直前に，公開買付届出書や対象会社のプレスリリース等により開示されることになる。特別委員会が設置される期間は，基本的には，上記の取引が公表される前までであるが，想定される取引ストラクチャーは，公開買付けを開始する段階ですべて確定しており，特別委員会はその取引ストラクチャー全体を見て，取引目的の正当性や取引条件の公正性などを判断することになる。

---

[4] MBOの場合は，現経営陣が全部または一部を出資する法人が公開買付者（買収主体）となることが多い。支配株主による従属会社の買収の場合は，支配株主が公開買付者となることが多いが，その完全子会社などが公開買付者となることもある。

[5] 株式併合は数個の株式を合わせて，少数の株式とする行為であるが（会社法180条以下），公開買付者（および株主として残る予定の一部の株主）以外の株主の株式が1未満の端数となるような大きな割合での株式併合を行うことで，スクイーズ・アウトを行うことができる（端数となった株式は，裁判所の許可を得た上で，強制的に売却させられる）。株主総会の開催および特別決議が必要となる等，株式等売渡請求と比べて時間を要し，また手続的負担が重いことから，TOBは成立したものの公開買付者がTOB成立時点において特別支配株主となるために必要な議決権保有割合の取得に至らなかった場合や，複数の株主をスクイーズ・アウト後に株主として残したい等の場合に，株式併合がスクイーズ・アウトの手段として利用されることが多い。

〈図1−1〉

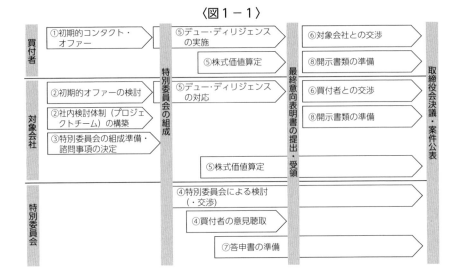

　上記のとおり，特別委員会が設置されるのは，実際の取引が公表されて開始される直前までとなるのが原則であるが，特別委員会が関与する時期のスケジュールの概要としては，〈図1−1〉のような流れが一例として挙げられる。ごく簡単に説明すると，以下のとおりである（詳細は，第4章をご参照いただきたい）。

① 買収者から初期的コンタクトがなされ，続いて，対象会社の反応も踏まえて，初期的なオファー（取引目的や想定ストラクチャー等の初期的な提案）がなされる。
② 対象会社は，当該オファーや社内検討体制についての検討を開始する。
③ 対象会社は②と並行して，特別委員会の組成準備を進め，取締役会決議により特別委員会を組成し，一定の事項を諮問する。
④ 特別委員会はかかる諮問を受けて，取引の合理性等の諮問事項についての検討を開始する。
⑤ 買収者は，対象会社に対するビジネス・財務・税務・法務等に関する調査（デュー・ディリジェンス）や対象会社株式の価値算定（バリュエーション）

> を行い，法的拘束力のある最終意向表明書を提出する。対象会社においても，デュー・ディリジェンスへの対応（資料の準備や買付者からの質問に対する回答等）を行うとともに，並行してバリュエーションを行う。
> ⑥ 対象会社の取締役会が特別委員会の助言の下で，または特別委員会自らが，買収者との間で価格交渉等を行う。
> ⑦ 特別委員会は，④での取引の合理性等の諮問事項についての検討（買付者に対する意見聴取等を含む）や⑥での価格交渉の結果も踏まえ，諮問事項に関する特別委員会の意見を，答申書としてまとめる。
> ⑧ 買付者が提出する公開買付届出書や対象会社のプレスリリース等により，当該取引が公表される（特別委員会の意見は，答申書の要約としてそれらに記載される）。特別委員会の役割は，基本的には当該答申書の提出をもって終了する。

　このような特別委員会が関与する手続を踏まえて本書の構成を説明すると，以下のとおりである。

　まず，「第2章　特別委員会の役割」において，特別委員会の必要性およびその必要性から導かれる役割を，主に理論面から説明し，「第3章　特別委員会に関する規制」において，特別委員会の運営に際して留意すべき特別委員会に対する各種の規制として，公正M&A指針，金融商品取引法，上場規則および会社法について説明している。第2章および第3章は，上記スケジュールのうちの特定の手続について説明するというよりは，特別委員会を一般的に説明する章ということになるため，抽象的・理論的な議論が多くなってはいるが，①特別委員会の設置が実務上必須であるMBO等においては，対象会社側では必ずしも時間的余裕を持って当該取引の存在を知らされるわけではないことも多いこと，および②特に支配株主を有する上場会社では，事前に特別委員会の役割や関連する規制の内容について理解を深めておくことが有用であること[6]，

6　第3章5で論ずるとおり，コーポレートガバナンス・コード補充原則4-8③において，支配株主を有する上場会社が，支配株主と少数株主との利益が相反する重要な取引・行為

等を踏まえ，本書の最初の部分に記載することとしたものである。

　他方，第4章から第6章では，特別委員会の運営に際しての具体的な留意点を主に説明しているため，記載の位置としては第2章および第3章の後ろとしている。もっとも，上述のとおり，特別委員会は，急に設置する必要が生じることもあるため，事前に特別委員会の具体的活動・スケジュール，運営上の留意点を理解しておくことは重要であり[7]，実際に特別委員会を設置する必要が生じてから読むのではなく，時間の余裕がある際にお目通しいただくことをお勧めしたい。

　まず「第4章　特別委員会の具体的活動・スケジュール」では，特別委員会の役割や運営の全体像を理解できるよう，特別委員会が組成される場面から最終的に答申するまでの大まかな流れを説明している。上記のとおり，MBO等では，対象会社側では必ずしも時間的余裕を持って当該取引の存在を知らされるわけではない一方，「特別委員会を設置する意義が実質的に失われることとなる事態を防ぐ観点から，対象会社が買収者から買収提案を受けた場合には，可及的速やかに，特別委員会を設置することが望ましい」とされていることから（公正M&A指針3.2.4.1），買収提案を受けた対象会社の管掌取締役や実務担当者は，特別委員会の設置に向けて速やかに行動を開始する必要がある。このため，第4章は，買収提案を受領した後，対象会社および特別委員会はどのような行動を開始する必要が生じ，今後どのような活動が展開されていくことになるのかを理解することに資する章であるといえる。

　「第5章　特別委員会の組成・人選」では，公正M&A指針の策定以降，令和5年12月31日までの公表情報を基に，特別委員会の設置時期や構成等を分析するとともに，その留意点について説明している。上記のとおり，買収提案を

について審議・検討を行う，独立社外取締役を含む独立性を有する者で構成された特別委員会を設置することを検討すべきである旨を規定しており，M&A取引が想定されていない「平時」であっても，特別委員会を設置することが検討されるべきであるとされている。

[7] さらには，具体的なM&Aの予定がない「平時」であっても，（たとえば支配株主のある上場会社等，特別委員会を設置する可能性が相対的に高い会社などでは，）あらかじめ特別委員会の委員候補者の検討を行っておくことや，社外役員の選任にあたって，特別委員会の委員となりうることを考慮に入れておくことも，有益であると考えられる。

受けた対象会社は速やかに特別委員会を設置する必要があるが，どのくらいの時期に設置することが多いのか，どのような構成員とするのが一般的かといった点は，実務的に大きな問題となる。なお，第4章では，特別委員会を設置した以降の手続についても記載しており，第4章と第5章においては，一部の記載順と時系列が一致していないことになる。このような記載順は，特別委員会の役割や運営の全体像を理解しないと，特別委員会の設置に際して留意すべきポイントがどこにあるかについての理解も難しいと考えられるため（たとえば，特別委員会でどのような事項を議論するかがわからなければ，特別委員会の構成員をどのように選定することが適切であるかを判断することは困難であろう），第4章で特別委員会の活動全体について先に記載することとしたものである。

「第6章　特別委員会の運営上の留意点」では，第4章で説明した特別委員会の各活動における留意点を，より具体的に説明している。このため第6章は，特別委員会が組成された後，特別委員会の会合を開催し，最終的にその活動結果を答申書としてまとめるに際して参照いただきたい情報が記載されている章である。

最後に，「第7章　公正M&A指針の対象外の取引と特別委員会」では，企業買収指針での議論も踏まえつつ，公正M&A指針が直接の対象とする，MBO等以外の取引において，特別委員会がどのような場合に設置され，その場合の留意点は何かといった点について説明している。MBO等以外であっても，支配株主が上場会社である従属会社を売却する取引や，非公開化を前提とした独立当事者間取引では，特別委員会が設置される事例が増えており，これらの取引において特別委員会を設置することの要否や，その理論的背景について検討している。

3以下では，本書の各章の概要について，説明する。

3　特別委員会の役割（第2章）

「第2章　特別委員会の役割」においては，特別委員会の必要性およびその必要性から導かれる役割を説明している。

(1) 特別委員会の必要性

「1　特別委員会の必要性」では，MBO等の場面では，類型的に構造的な利益相反性と情報の非対称性の問題が存在するため，一般株主の利益よりも買収者の利益が優先され，買収者の情報優位性も利用して一般株主に不利な取引条件でM&Aが行われるおそれが存在すると考えられており，特別委員会は，かかる構造的な利益相反性と情報の非対称性に対処するための公正性担保措置の基点として位置づけられることについて，最高裁判例や公正M&A指針を引用しつつ，説明する。このような特別委員会の必要性についての理解は，特別委員会が担うべき役割の理論的前提となり，また，公正M&A指針の対象外である取引において特別委員会の設置を検討する場面（第7章）でも重要である。

(2) 特別委員会に期待される機能・役割

「2　特別委員会に期待される機能・役割」では，上記(1)の特別委員会の必要性を踏まえ，特別委員会は，企業価値の向上および一般株主利益の確保を目的として，(a)対象会社の企業価値の向上に資するか否かの観点から，M&Aの是非について検討・判断するとともに，(b)一般株主の利益を図る観点から，①取引条件の妥当性および②手続の公正性について検討・判断する役割を担うことを説明している。本節では特別委員会の役割を理論面から検討しており，第4章以下で具体的な活動内容を検討する前提となる。

4　特別委員会に関する規制（第3章）

「第3章　特別委員会に関する規制」においては，特別委員会の法的根拠を概観した上で，特別委員会の運営に際して留意すべき特別委員会に対する各種の規制として，公正M&A指針，開示規制（金融商品取引法および上場規則に基づく開示に係る規制），会社法，およびコーポレートガバナンス・コードを挙げ，それぞれに基づく規制の内容を説明している。

(1)　公正M&A指針

「2　公正M&A指針」では，特別委員会に関する最も重要な規制として，公正M&A指針について説明している。公正M&A指針はM&Aに関するベストプラクティスを提示するものであって，何らかの規制を及ぼすことを意図したものではないとされているが，実務的な影響は大きく，公正M&A指針でとりわけ重要視されている特別委員会については，MBO等において設置されることが実務的には必須と考えられるようになっている。また，公正M&A指針では，特別委員会についてどのような事項を開示すべきかについても記載されており，かかる開示項目は，開示規制においても参照されることとなる。

(2)　開示規制

上記2のとおり，MBO等では，金銭を買収対価として，まず公開買付けを行い，その後にスクイーズ・アウトを行うことによって対象会社の株式全部を取得する，いわゆる二段階買収の方法によることが実務上一般的であるところ，公開買付けを行う場合，公開買付者および対象会社のそれぞれにおいて，金融商品取引法および（上場会社である場合には）上場規則に基づいて開示が義務づけられ，これらの開示の中では，特別委員会についても言及されるのが一般

的である。そこで，第３章の「３　開示規制」では，金融商品取引法および上場規則に基づき，いつ・どのような開示が求められるかについて，実際の開示事例も引用しながら説明している。

(3) 会社法

　会社法は，特別委員会について特別な規定を置いておらず，特別委員会は会社に設置された任意の会議体として位置づけられることになるが，①社外取締役が特別委員会の委員となることが実務上一般的であることとの関係で，社外取締役が特別委員会の委員として活動することが「当該株式会社の業務を執行した」場合に該当して，社外取締役としての要件を失うことになってしまわないか，②社外役員が特別委員会の委員に就任する場合に会社法上の役員報酬規制に服するか，といった問題があり，検討を行っている。

　結論としては，①については，令和３年３月１日施行の令和元年会社法改正により新設された会社法348条の２に基づく取締役会決議を行うことで社外取締役の要件を維持することを明確にすることが考えられ，②については，見解は分かれているものの，特別委員会の委員としての報酬についても，「職務執行の対価」として会社法上の「報酬等」に該当し，報酬規制に服するとして，報酬規制の範囲内で委員としての報酬を支払うことが慎重な対応となろう（詳細は第５章４(2)参照）。

(4) コーポレートガバナンス・コードによる規制

　令和３年６月にコーポレートガバナンス・コードが改訂され，補充原則４－８③が新設されたが，これに基づき，常設の特別委員会を設置している上場会社が一定数存在する。今後，当該特別委員会がMBO等の場面で活用されることが増えると予想される。

5 特別委員会の具体的活動・スケジュール（第4章）

まず「第4章 特別委員会の具体的活動・スケジュール」では，特別委員会が組成される場面から最終的に答申するまでの大まかな流れを説明しており，その概要は以下のとおりである。

(1) スケジュール

まず，「1 全体的なスケジュール」では，公正M&A指針が対象としている典型的な取引であるMBO等における案件全体のスケジュールと，そこで特別委員会がどのように関係してくるかを説明した上で，「2 特別委員会のスケジュール」において，特別委員会が何回程度開催され，どのようなアジェンダが各回で設定されることが多いかについてを説明している。

MBO等は，多数の手続を並行して，多数の当事者と協力しながら進める必要があり，かつ，全体に余裕のないスケジュールで進んでいくことが一般的である。このため，MBO等の全体像を踏まえて特別委員会をどのように開催・運営していくのが一般的であるかを把握しておくことは，非常に重要である。

(2) 諮問事項・特別委員会の答申結果の位置づけ

次に，「3 諮問事項・特別委員会の答申結果の位置づけ」では，特別委員会の活動の目的であるといえる，取締役会からの諮問事項と，それに対する回答である答申結果の位置づけについて説明している。

特別委員会は，通常，取締役会決議により設置されるが，その際には特別委員会が検討すべき事項が決定され，これを諮問事項と呼ぶのが通常である。特別委員会はこの諮問事項を検討して，答申書として結果をまとめるが，かかる答申結果を取締役会がどのように取り扱うか（特別委員会の答申結果に対し，

(3) 特別委員会の具体的活動

「4　公正M&A指針における特別委員会への要求事項」において，第2章で詳述した公正M&A指針において特別委員会が期待される役割を確認した上で，「5　具体的活動」では，特別委員会が具体的にどのような検討を行うか，時系列に沿って説明している。

具体的には，①取引全体の概要や諮問事項等の確認，②事業計画の検証，③買付者とのシナジーの検討（買付者との質疑応答を含む），④対象会社株式のバリュエーション，および⑤買付者との交渉，の5項目に分けて，特別委員会が行うべき事項や留意点を説明している。

(4) 答　申

特別委員会の最終目標は，取締役会からの諮問事項に対して答申結果を出すことにあり，答申結果は答申書として作成されることとなる。そこで「6　答申」では，答申書の記載例や作成方法，作成時期等について説明している。

6　特別委員会の組成・人選（第5章）

「第5章　特別委員会の組成・人選」では，公正M&A指針公表後（令和元年6月28日以降），令和5年12月31日までの公表情報を基に，特別委員会の設置時期や構成等を分析するとともに，その留意点について説明している。

(1) 組成の実態

「1　組成の実態」では，上記期間に公表されたMBO案件59件，および支配株主による上場会社である従属会社の買収案件84件を対象に，設置時期や委員の構成（独立性ならびに属性および専門性），委員の選定プロセス等について分析している。

(2) 特別委員の候補者

「2　特別委員の候補者」では，特別委員会の独立性は，構造的な利益相反の問題に対応する公正性担保機能を確保するために肝要であり，特別委員会の委員となる者は高度な独立性を有することが望ましいとされていること，また，かかる観点を踏まえて特別委員の候補者を検討する際の留意点を説明している。

(3) 特別委員の構成

「3　特別委員の構成」では，上記(1)で述べた事例の分析を踏まえ，委員の数・属性や外部アドバイザーの要否等について説明している。また，公正M&A指針において，特別委員としては社外取締役が最も適切であり，社外監査役がそれに次ぎ，社外有識者はその後に選択肢となるとされているものの，社外取締役および社外監査役の経歴・属性等によってはどのように特別委員を構成するか悩ましいことも多いため，「(3)　特別委員選定の具体例」では，仮説事例を用いて，どのような検討を経て特別委員のメンバー構成を確定させていくかの説明も行っている。

(4) 特別委員の報酬

「4　特別委員の報酬」では，特別委員に対して支払われる報酬について，その算定方法や金額水準について説明している。また，社外取締役・社外監査役が特別委員となった場合に，社外取締役・社外監査役としての業務に対する報酬が元々支払われていることを踏まえて，別途特別委員としての業務に対する報酬を追加で支払うか，支払う場合に留意すべき事項が何かについて，説明している。

(5) 専門家の必要性・役割

「5　専門家の必要性・役割」では，特別委員会が有すべき専門性を担う専門家として，社外有識者である特別委員と外部アドバイザーとがあることを前提に，社外有識者の担うべき役割と，外部アドバイザーにおいて特に重要なポイントである独立性について説明している。

7　特別委員会の運営上の留意点（第6章）

「第6章　特別委員会の運営上の留意点」では，特別委員会の各活動における実務的な留意点を説明しており，その概要は以下のとおりである。

(1) 特別委員会の開催に関する留意点

「1　特別委員会の開催に関する留意点」では，特別委員会のスケジュールならびに開催場所および開催形態について論じる。スケジュールについては，特別委員会の関係者は多数に及ぶことからあらかじめ日程を確保しておくことが重要である。開催場所および開催形態については，情報の秘匿性に配慮する

必要があること，近年はオンライン形式で行うことも多いことが指摘できる。

(2) 特別委員会の運営に関する留意点

「2 特別委員会の運営に関する留意点」では，特別委員会を設置してMBO等の案件を進めていくに際して，主に対象会社で対応すべき留意点を記載している。

特別委員会は3名程度の少数の特別委員から構成される会議体にすぎず，特別委員会を円滑に運営し，買付者との交渉等を進めていくために対象会社で対応すべき事項は多岐にわたる。このことを踏まえ，本節ではまず，対象会社の執行サイドにおいて取引の検討を進めるために設置されることの多いプロジェクトチームについて説明している。プロジェクトチームは，取引に利害関係を有さず，的確な情報収集・分析および検討，ならびに買付者との対等な交渉を行うことができるメンバーから構成されることが重要であり，メンバー選定の考え方についても説明している。

このほか，対象会社内および買付者との間の情報管理体制，特別委員会の議事進行，特別委員会用の資料作成，特別委員会の議事録作成等における留意点も説明している。

8 公正M&A指針の対象外の取引と特別委員会（第7章）

「第7章 公正M&A指針の対象外の取引と特別委員会」では，MBO等以外の取引類型において，公正M&A指針が参照され[8]，特別委員会が設置されることのある取引類型として，①大株主等に対する第三者割当増資，②大株主等による部分的公開買付けによる実質的支配権の取得，③支配株主が従属会社の株式を売却する取引および④独立当事者間取引のうち，キャッシュ・アウトを前

---

8 今後は，企業買収指針も参照されることになると思われる。

提とした取引の4類型を取り上げている。

(1) 検討対象とする取引類型

「1　本章で検討対象とする取引類型」では，上記の4類型についての概要を説明しているが，①および②は，公正M&A指針において，一定の利益相反の問題が生じうるとの指摘がなされており，公正M&A指針自体が，その適用の余地を認めている取引類型である。他方，③および④はそのような言及はなされていないが，実務的には特別委員会を設置する事例が増えている取引類型であり，特に④は，企業買収指針が，特別委員会の設置が有用であると指摘している取引類型である。

(2) 公正M&A指針において例示された取引類型

「2　公正M&A指針において例示された取引類型」では，上記①および②について検討している。まず，上記①および②の取引類型とMBO等を比較し，利益相反の状況や情報の非対称性に関する相違点を検討しているが，MBO等と類似する部分が多いと考えられる。その上で，公表されている事例で①および②の取引と言えるものを取り上げて説明している。

(3) 支配株主が従属会社の株式を売却する取引

「3　支配株主が従属会社の株式を売却する取引」では，上記③の取引類型を取り上げているが，①および②の場合と同様に，MBO等と比較して利益相反の状況や情報の非対称性に関する相違点を分析している。結論としては，MBO等とは異なり，支配株主も売主となることから，MBO等のような構造的な利益相反の状況があるとは言えないものの，支配株主においては一般株主とは利益状況が異なる可能性があること等を踏まえると，公正M&A指針を参照

して特別委員会の設置等を行うことは相応に意義があると思われる。また、上記の分析を踏まえて、上記③の取引類型の実例において、特別委員会を設置する理由等がどのように説明されているかについても記載している。

(4) 独立当事者間のキャッシュ・アウト

「4 独立当事者間のキャッシュ・アウト」では、上記④の取引類型を取り上げている。まず、公正M&A指針では、特別委員会の設置を含む公正性担保措置は、取引条件の形成過程における独立当事者間取引と同視しうる状況の確保が、公正な取引条件を実現するための手段と整理することができると説明されており、独立当事者間取引において、特別委員会を設置する意義がどのような点に求められるかは明らかではない。また、企業買収指針3.3も、「キャッシュ・アウトの提案である」ときには、「取引条件の適正さが株主利益にとってとりわけ重要であると考えられる」ことから、特別委員会の設置が有用であると指摘しているが、なぜ特別委員会の設置が取引条件の適正さにとって有用であるかについて説明しておらず、いわば結論だけが示されている状況である。「4 独立当事者間のキャッシュ・アウト」の「(1) 独立当事者間のキャッシュ・アウトにおける課題」は、この点についての分析を試みるものであるが、結論としては、少なくとも、キャッシュ・アウトが想定される取引であれば、独立当事者間取引であっても、公正M&A指針を参照し、社外役員を中心とした特別委員会を設置することで、より少数株主の保護に資するようにするという考え方も、一定の意義はあると考えられる。

かかる分析を踏まえ「(2) 独立当事者間のキャッシュ・アウトの実例」では、特別委員会を設置する理由についてどのように説明されているか、対象会社の作成する意見表明プレスリリースを検討しており、詳細な理由は説明されないことが一般的であることを指摘している。

最後に「(3) 独立当事者間のキャッシュ・アウトにおいて特別委員会を設置することの意義」では、独立当事者間のキャッシュ・アウトにおいて特別委員

会を設置する意義や問題点についての検討を行っている。筆者らとしては，独立当事者間のキャッシュ・アウトにおいても利益相反性や情報の非対称性等の問題は一定程度あると考えられるものの，独立当事者間のキャッシュ・アウトにおいて特別委員会を設置すべきか否か，設置するとして特別委員会にどのような役割を担わせるべきか（また，業務執行取締役の役割をどのように縮減させるべきか）については，企業買収指針3.3が指摘するとおり，個々の事案ごとに，利益相反の程度，取締役会の独立性を補完する必要性，市場における説明の必要性の高さ等に応じて，特別委員会の設置・運営のコストも踏まえて，慎重に検討されるべきであると結論づけている。他方，公正な価格について判断する判例では，「一般に公正と認められる手続」が実施されているか否かに注目されており，特別委員会を設置する事例が実際上増えている（また，企業買収指針を踏まえて今後さらに増えると予想される）ことを踏まえると，特別委員会を設置しないという選択肢は実際上は採りづらいともいえるため，独立当事者間のキャッシュ・アウトであっても特別委員会を設置する方向で実務的には進まざるをえないようにも思われることを指摘している。

特別委員会の役割

1 特別委員会の必要性

　MBOおよび支配株主による従属会社の買収の場面では，類型的に構造的な利益相反性と情報の非対称性の問題が存在するため，一般株主の利益よりも買収者の利益が優先され，買収者の情報優位性も相まって一般株主に不利な取引条件でM&Aが行われるおそれが存在すると考えられている。

　すなわち，MBOの場合には，対象会社の取締役自らが一般株主から対象会社の株式を取得することとなり，株式の買手である当該取締役と株式の売手である一般株主との間に利益相反関係が生じることとなる。他方で，支配株主による従属会社の買収の場合には，支配株主が株主総会における議決権の行使や取締役の派遣等を通じて従属会社の経営に一定の影響力を及ぼしうるという関係上，従属会社の取締役が売手である一般株主の利益よりも買手である支配株主の利益を優先してしまうおそれがある。加えて，MBOおよび支配株主による従属会社の買収のいずれの場合でも，買手である取締役や支配株主は，売手である一般株主よりも，対象会社に関する正確かつ豊富な情報を有していることから，買手と売手との間に情報の非対称性が存在する。

　そこで，MBOおよび支配株主による従属会社の買収においては，当該M&Aが企業価値の向上に資するものであることを前提に，公正な手続を通じて行われることにより，一般株主の利益が確保されるべきであり，取引の公正さを担保することに資する具体的対応として，公正性担保措置を講じることが望ましい。公正性担保措置にはさまざまなものがあるが，公正M&A指針上，一般的に有効性が高いとされる公正性担保措置として，下記の6つの措置が挙げられている。

・独立した特別委員会の設置（公正M&A指針3.2）
・外部専門家の独立した専門的助言等の取得（同指針3.3）

・他の買収者による買収提案の機会の確保（マーケット・チェック）（同指針3.4）
・マジョリティ・オブ・マイノリティ条件の設定（同指針3.5）
・一般株主への情報提供の充実とプロセスの透明性の向上（同指針3.6）
・強圧性の排除（同指針3.7）

　もっとも，公正性担保措置の実施は，MBOおよび支配株主による従属会社の買収において公正な取引条件を実現するための必要条件ではなく，常にすべての公正性担保措置を講じなければ公正な取引条件の実現が担保されないというわけではない。ただし，最高裁は，多数株主による公開買付けとそれに続く全部取得条項付種類株式の取得を通じた非公開化に係る株式取得価格決定申立事件（ジュピターテレコム事件・最決平28・7・1民集70巻6号1445頁）において，「独立した第三者委員会や専門家の意見を聴くなど多数株主等と少数株主との間の利益相反関係の存在により意思決定過程が恣意的になることを排除するための措置が講じられ，公開買付けに応募しなかった株主の保有する上記株式も公開買付けに係る買付け等の価格と同額で取得する旨が明示されているなど一般に公正と認められる手続により上記公開買付けが行われ，その後に当該株式会社が上記買付け等の価格と同額で全部取得条項付種類株式を取得した場合」には，原則として公開買付価格をもって「公正な価格」とするという立場を明らかにしており，公正性担保措置を実施した場合には，価格決定申立請求・株式買取請求がなされた場合に，当事者間で決定された価格を含む取引条件が公正なものであると判断される蓋然性が高くなる[1]。なお，公正M&A指針においても，「本指針は，例えば，第3章で提示する各公正性担保措置を講じるか否かと，会社法上の『公正な価格』やこれについての裁判所の審査の在り方との

---

[1] なお，対象会社の取締役会において，賛同意見表明を行う一方で，株主からの応募については中立とする旨が決議されている場合においては，株式取得価格決定申立てにおいて，公開買付価格が公正な価格を下回っている旨の判断がなされる場合がある（詳細は第4章6⑹の伊藤忠商事株式会社の子会社であるリテールインベストメントカンパニー合同会社による株式会社ファミリーマートの買収の事例を参照）。

関係や，対象会社の取締役の善管注意義務および忠実義務との関係等について整理を行うことを直接意図したものでもない」としつつも，「第3章で提示する公正性担保措置が実効的に講じられている場合には，『公正な価格』についての裁判所の審査においても，当事者間で合意された取引条件が尊重される可能性は高くなることが期待され，また，通常は，対象会社の取締役の善管注意義務および忠実義務の違反が認められることはないと想定される」とされている（公正M&A指針3頁注1）。

そして，実効的な公正性担保措置の策定・実施については，個別のM&Aにおける具体的状況に応じて，いかなる措置をどの程度講じるべきかが検討されるべきものであるところ，特別委員会は，このような検討を行う役割を担うことが期待されており，このような役割を担うために適切な人材・構成・職責等により選任される特別委員会を設置することが，公正性担保措置の基点として位置づけられる。さらに，特別委員会は，適切に運用することにより，構造的な利益相反性と情報の非対称性への対応に資するものであり，企業価値の向上および一般株主利益の確保につながるため，有効な公正性担保措置である。

また，後記第7章のとおり，MBOおよび支配株主による従属会社の買収には該当しないM&Aにおいても，構造的な利益相反性と情報の非対称性が存在する場合がありうるところ，近時では，公正M&A指針において，一定の利益相反の問題が生じうるとの指摘がなされている①大株主等に対する第三者割当増資，②大株主等による部分的公開買付けによる実質的支配権の取得のほか，③支配株主が従属会社の株式を売却する取引，④独立当事者間取引のうち，特に非公開化を前提とした取引の場面においても，任意に特別委員会を設置する傾向が見受けられる。もっとも，④独立当事者間取引のうち，特に非公開化を前提とした取引については，任意に特別委員会を設置することで，本来的には少数株主に対する善管注意義務を踏まえて対応すべき業務執行取締役の役割が後退するのだとすれば（たとえば，業務を十分理解している業務執行取締役が交渉に参加できず，買収者との間で有意義な交渉ができないことになってしまうのであれば），少数株主保護の観点ではむしろ望ましくない可能性もあるよ

うに思われ，また，時間やコストが追加的に発生することも否定できないことから，特別委員会を設置すべきか否か，設置するとして特別委員会にどのような役割を担わせるべきか（また，業務執行取締役の役割をどのように縮減させるべきか）については，個々の事案ごとに，利益相反の程度，取締役会の独立性を補完する必要性，市場における説明の必要性の高さ等に応じて，特別委員会の設置・運営のコストも踏まえて，慎重に検討されるべきである（後記第7章参照）。

2　特別委員会に期待される機能・役割

　特別委員会は，取引条件の形成過程において，構造的な利益相反の問題および情報の非対称の問題に対応し，企業価値を高めつつ一般株主にとってできる限り有利な取引条件で当該M&Aが行われることを目指して合理的な努力が行われる状況を確保する機能を有する（公正M&A指針3.2.1）。当該機能を果たすため，特別委員会は，企業価値の向上および一般株主利益の確保を目的として，(1)対象会社の企業価値の向上に資するか否かの観点から，M&Aの是非について検討・判断するとともに，(2)一般株主の利益を図る観点から，①取引条件の妥当性および②手続の公正性について検討・判断する役割を担う（公正M&A指針3.2.2）。具体的には，ケースバイケースであるものの，一般的には，事業計画の検証，買付候補者との質疑応答（インタビュー），株式価値算定，および提示条件の検討・交渉等を通じて，M&Aの目的の正当性・合理性，M&Aに係る手続の公正性およびM&Aの取引条件の公正性・妥当性等に関して，検討・判断を行うことが期待されている[2]。特別委員会の委員の人選にあたっては，社外取締役→社外監査役→社外有識者という優先順位で，委員の候補者が検討されるが（公正M&A指針3.2.4.2），上記に記載の特別委員会に期

---

[2] たとえば，当該M&Aにおいて，入札手続（オークション）を行っているケースには，買付候補者が提示した条件等を比較し，どの買付候補者を最終候補として残すべきかについても，特別委員会において，検討・判断を行うことが期待される。

待される機能・役割も踏まえて，対象会社の事業に関する知見を有しているか，M&Aに関する専門性を有しているかという観点も考慮に入れて人選を行うことになる（詳細は第5章3参照）。なお，特別委員会の委員（特に対象会社の社外役員）がM&Aの専門性を有しているとは限らないため，実務的には，対象会社や特別委員会の法務アドバイザーや財務アドバイザーからの助言を得ながらこれらの事項の検討・判断を行うことになる。

(1) 企業価値向上の観点

公正M&A指針においては，M&Aを行う上で尊重されるべき原則として，企業価値の向上（第1原則）および公正な手続を通じた一般株主利益の確保（第2原則）が挙げられている。そして，企業価値の向上に資するM&Aであることは，公正な手続を通じた一般株主利益の確保の前提であると考えられている。そこで，公正性担保措置は，第2原則において提示されている「公正な手続」を構成する実務上の具体的対応として位置づけられているものの，特別委員会に対しては，当該M&Aが対象会社の企業価値向上に資するか否かを含む当該M&Aの目的の合理性について諮問がなされ，特別委員会により検討・判断がなされることが一般的である。

そして，特別委員会では，対象会社による説明や共有を受けた資料，買付候補者との質疑応答（インタビュー）を通じて，①対象会社の事業内容，事業環境および経営課題，②当該M&Aの検討に至る経緯・目的，ならびに③当該M&Aによるシナジー，当該M&A後の企業価値向上施策および経営方針について，情報提供を受け，当該M&Aが対象会社の企業価値向上に資するか否か，当該M&Aの目的が正当性・合理性を有するかを検討する。かかるプロセスの中で，買付候補者との質疑応答（インタビュー）では，買付候補者から提出される提案書の内容も踏まえて，①当該M&Aを実施する意義・目的・理由，②対象会社の事業課題，③当該M&A後の対象会社の経営方針，④当該M&Aの手法等について，特別委員会から質問が提出され，ヒアリングが行われること

が一般的である。具体的な質問事項は事案によって異なるが、事案ごとの個別事情にかかわらず質問することが一般的に想定される事項を、〈表2－1〉に例示する。

〈表2－1〉買付候補者に対する質問事項

① 当該M&Aを実施する意義・目的・理由	・当該M&Aにより、対象会社の企業価値を最大化できると考える具体的理由 ・買付候補者の想定するシナジーの具体的内容（当該シナジーの実現のために取るべき具体的な施策、当該施策のために必要となるコスト、当該シナジーが実現した際の定性的および定量的なインパクト、当該シナジーの実現が見込まれる時期等） ・買付候補者における検討開始時期および当該M&Aの提案に至った理由
② 対象会社の事業課題	・買付候補者が認識している対象会社の事業課題および当該課題への対処方法 ・対象会社を取り巻く事業環境と今後予想される変化 ・対象会社の株価に対する評価
③ 当該M&A後の対象会社の経営方針	・買付候補者が想定している当該M&A後の対象会社の経営体制・経営戦略 ・当該M&A後の対象会社の人事施策
④ 当該M&Aの手法	・買付候補者において検討している当該M&Aの手法の具体的内容

(2) 株主利益への配慮の観点

① 取引条件の妥当性

　特別委員会では、(a)買収者との取引条件に関する協議・交渉過程において、企業価値を高めつつ一般株主にとってできる限り有利な取引条件でM&Aが行われることを目指して合理的な努力が行われる状況を確保すること、および(b)取引条件の妥当性の判断の重要な基礎となる株式価値算定の内容と、その前提

とされた財務予測や前提条件等の合理性を確認することを通じて，買収対価の水準だけでなく，買収の方法や買収対価の種類等を含む取引条件の妥当性を検討することが重要とされている（公正M&A指針3.2.2）。

　そして，協議・交渉過程については，特別委員会自身が関与し，または対象会社から情報の共有を受けた，取引条件に係る協議・交渉過程について検討し，独立した当事者間の交渉と認められる公正なものであり，企業価値を高めつつ少数株主にとってできる限り有利な取引条件で本取引が行われることを目指した合理的な努力が行われる状況が確保されていたか否かを判断する。また，株式価値算定結果については，特別委員会自身が選任する財務アドバイザーおよび／または対象会社の財務アドバイザーからの説明を踏まえて，株式価値算定の前提とされた事業計画の内容，株式価値算定にあたり採用した手法および算定の過程ならびに株式価値の算定結果について，不合理な点が認められないか検討するとともに，買収対価に付されたプレミアムの水準が過去の類似事例におけるプレミアム水準と比較して遜色がないかといった観点から検討し，買収対価の妥当性を判断する。さらに，買付候補者からのヒアリング等を踏まえて，公開買付け後のスクイーズ・アウト（株式併合，株式等売渡請求，自己株式取得等）の条件，買付候補者の資金調達方法，当該M&Aに関連して，対象会社，買付候補者，応募予定株主等が締結する予定の契約の内容等を検討し，当該M&Aに係るその他の取引条件について，対象会社の少数株主にとって不利益となる事情の有無について判断する。

　なお，特別委員会が取引条件について，十分な水準に達していないと判断した場合，企業価値向上の観点から，公開買付けに賛同することが妥当であるとしつつも，取引条件（公開買付価格）が少数株主に対し応募を積極的に推奨できる水準に達していると認められないとして，公開買付けの応募を推奨するのではなく，公開買付けに応募するか否かを株主の判断に委ねることが妥当であるとの答申が行われるケースも存在する[3]。

3　リテールインベストメントカンパニー合同会社による令和2年7月8日公表の株式会社ファミリーマート株式に対する公開買付け。ただし，当該事例においては，対価の公正

② 手続の公正性

　特別委員会では，当該M&Aにおける具体的状況を踏まえて，全体として取引条件の公正さを手続的に担保するために，いかなる公正性担保措置をどの程度講じるべきかの検討を行う役割を担うことも期待されている（公正M&A指針3.2.2）。

　具体的には，特別委員会は，公正M&A指針において，一般的に有効性が高いと考えられる典型的な公正性担保措置として提示されている各措置の実施状況について検討し，当該M&Aにおいて，公正M&A指針で提示される公正性担保措置に則った適切な対応が行われており，その内容に不合理な点がなく，手続の公正性が確保されているかを判断する。

性が価格決定手続によって争われ，公開買付けおよびその後のスクイーズ・アウト手続で少数株主に対して交付される対価が公正な価格を下回っていた旨の判断が裁判所によりなされていることにご留意いただきたい（詳細は第4章6(6)参照）。

第3章

特別委員会に関する規制

1　特別委員会の法的根拠（公正M&A指針含む概観）

　特別委員会とは，「構造的な利益相反の問題が対象会社の取締役会の独立性に影響を与え，取引条件の形成過程において企業価値の向上および一般株主利益の確保の観点が適切に反映されないおそれがある場合において，本来取締役会に期待される役割を補完し，または代替する独立した主体」として対象会社側で任意に設置される合議体であり，公正M&A指針において，公正性担保措置の1つとして提示されている。このように，特別委員会は会社法等の法令上に設置根拠がある会議体ではなく，公正M&A指針というソフトローに基づき任意に設置される会議体である。もっとも，M&Aの公正性を担保する上で有効性の高い公正性担保措置であるとともに，手続の公正性を確保する上での基点として位置づけられ，公正性担保措置の中でも特に重視されており（公正M&A指針3.2.1），公正M&A指針が公表されて以降，実務上は，公正M&A指針が対象としている上場会社におけるMBO[1]，および支配株主による従属会社の買収のすべての事例において特別委員会が設置されており[2]，これらの類型のM&Aにおいて特別委員会を設置しない，または設置した特別委員会の答申に従わないといった判断をする場合には，当該判断を正当化するに足る根拠が求められ，ハードルはかなり高いと考えられる。

　また，株式会社東京証券取引所（以下「東京証券取引所」または「東証」という）が公表する『会社情報適時開示ガイドブック2023年4月版』（以下「東

---

[1]　MBOには，上場会社におけるMBOと非上場会社におけるMBOが存在するが，公正M&A指針は，その対象を，株式が不特定多数の投資家によって分散保有されており，株主利益の確保がより問題となりやすい，上場会社において非上場化を目指して行われるMBOに限定している（公正M&A指針1.5a）。

[2]　東京証券取引所「『公正なM&Aの在り方に関する指針』を踏まえた開示状況（2021年7月〜2022年6月）について」（令和4年7月1日）https://www.jpx.co.jp/corporate/news/news-releases/0060/nlsgeu000006hxh2-att/press_20220701.pdfによれば，令和3年7月1日から令和4年6月30日に公表されたMBOおよび支配株主による従属会社の買収41件すべてで特別委員会が設置されている。

証適時開示ガイドブック」という）においては，MBO等に関して意見表明を行う場合またはその他特に当該公開買付けに関する意見表明に関し利益相反を回避する必要があると判断される事情がある場合における利益相反回避措置として，対象会社において，取締役会から独立した特別委員会を設置し，当該公開買付けに関する意見表明に関し諮問すること，当該特別委員会に公開買付者との間で交渉を行うことを委嘱することが例示されている。

公正M&A指針および東証適時開示ガイドブックは，いずれも特別委員会の設置を法的に義務づけるものではないが，近時は，公正M&A指針および東証適時開示ガイドブックを踏まえ，MBOまたは支配株主による従属会社の買収事例では，特別委員会が設置されることが実務として定着しており，前記第2章1のとおり，その他の構造的な利益相反性と情報の非対称性が存在する取引においても特別委員会が設置されるケースが増えてきている。

2 公正M&A指針

(1) 策定の経緯および位置づけ

わが国では，平成19年9月4日，経営者が全部または一部の資金を拠出し，事業の継続を前提として一般株主から対象会社の株式を取得するMBO（マネジメント・バイアウト）の件数が増加し，一定数の事例が蓄積する中で，経済産業省によりMBO指針が策定された。MBO指針では，MBOの弊害について，「MBOは，本来，企業価値の向上を通じて株主の利益を代表すべき取締役が，自ら株主から対象会社の株式を取得することとなり，必然的に取締役についての利益相反的構造が生じる」（MBO指針2(2)），「株主は，このような構造的な利益相反状態に起因する不透明感を感じている」（MBO指針3(1)）と述べられている。そして，そのような構造的な利益相反状態に起因する不透明感を解消し，透明性・合理性確保のための実務上の具体的な対応として，意思決定にお

いて不当に恣意的な判断がなされないよう，「独立した第三者委員会等によるMBOの是非及び条件についての諮問（又はこれらの者によるMBOを行う取締役との交渉），及びその結果なされた判断の尊重」を行うことが挙げられているが（MBO指針5(2)(i)），かかる第三者委員会等への諮問とその判断の尊重は，採用することでMBOの透明性・合理性が高まる実務上の工夫ではあるが，必ずしも実行する必要はないものと位置づけられていた（MBO指針5(5)）。もっとも，上記のとおりMBO指針において第三者委員会等への諮問とその判断の尊重が言及されていたこともあって，MBO指針の策定から5年以上経過した平成25年および平成26年に公表された公開買付けを伴う16件のMBOのすべてにおいて第三者委員会が設置されていたとのことであり[3]，MBOにおいて第三者委員会を組成することは，実務として定着していたことがうかがわれる。

平成30年11月，MBO指針の策定から10年以上が経過し，MBO指針を踏まえたプラクティスが蓄積されるとともに，MBOと類似した構造的な利益相反の問題等が認められる支配株主による従属会社の買収等，MBO以外の取引類型についても，その意義と課題に関する論点を整理すべきとの指摘もされてきたことから，会社法研究者，機関投資家，企業実務家，弁護士等各界を代表する有識者からなる「公正なM&Aの在り方に関する研究会」が立ち上げられ，令和元年6月28日，MBO指針の位置づけを基本的に受け継ぐものとして，公正M&A指針が策定されるに至った。公正M&A指針は，「MBO指針策定後に蓄積されてきた実務も踏まえ，今後の我が国企業社会におけるベストプラクティスの形成に向けて公正なM&Aの在り方を提示するもの」であるが（公正M&A指針1.3），MBOに限らず，支配株主による従属会社の買収も，取締役またはその支配株主と一般株主との間に構造的な利益相反関係が認められることから，検討の対象としており，その対象範囲が広がっている。

公正M&A指針において，特別委員会は，「買収者および対象会社・一般株主に対して中立の第三者的な立場ではなく，対象会社および一般株主の利益を

---

[3] 白井正和＝仁科秀隆＝岡俊子『M&Aにおける第三者委員会の理論と実務』（商事法務，平成27年）126頁

図る立場に立って当該M&Aについて検討や判断を行うことが期待されるものであり，そのような意味で特別委員会が有効に機能した場合には，公正性担保措置として高く評価されると考えられる」（公正M&A指針3.2.1），「特別委員会は，個別のM&Aにおいていかなる公正性担保措置をどの程度講じるべきかの検討を行う役割を担うことが期待されており，手続の公正性を確保する上での基点として位置付けられる。……MBOや支配株主による従属会社の買収において取引条件の公正さを担保する上で，特別委員会を設置することの意義は特に大きいといえ，これを設置することが望ましい」（公正M&A指針3.2.3）等とされており，MBO指針よりもその重要性が強調されている。なお，上記の特別委員会の位置づけと関連して，公正M&A指針では，特別委員会は，「基本的には，買収者および対象会社・一般株主に対して中立の第三者的な立場に立つのではなく，対象会社および一般株主の利益を図る立場に立つという点において，例えば企業等に対する中立性が求められる企業等不祥事における第三者委員会とはその位置付けを異にする」（公正M&A指針脚注27）との指摘がされており，MBO指針では「第三者委員会」との用語が使われていたが，公正M&A指針では「特別委員会」との用語が使われ，実務的にも「特別委員会」と呼称することが一般的となっている。本書もこれに倣い，基本的に「特別委員会」との用語を使用している。

　本書の目的は上記のとおりであるから，本書で対象とする特別委員会は，基本的には，公正M&A指針の対象となる取引である，①上場会社におけるMBO，および②支配株主による上場会社である従属会社の買収の際に設置される特別委員会を想定しており，企業不祥事が生じた際に組成される第三者委員会は対象としていない。他方，上記のとおり，公正M&A指針が直接の対象としていない取引においても，公正M&A指針が参照され，特別委員会が設置される事例も増えていることから，第7章において，どのような取引において特別委員会が設置されることがあるのか，また，それらの取引における特別委員会の運営上の留意点は何かといった点についても記載している。

(2) 特別委員会に関する指針（公正M&A指針の概要）

　公正M&A指針では，特別委員会が有効に機能するための実務上の工夫として，設置の時期，委員構成，特別委員会の設置・委員選定のプロセス，買収者との取引条件の交渉過程への関与，アドバイザー等，情報の取得，報酬，対象会社の取締役会における特別委員会の判断の取扱い，対象会社の社内検討体制に関して望ましい対応が提示されている（詳細は，後記第5章，第6章参照）。

　また，公正M&A指針では，MBOや支配株主による従属会社の買収においては，買収者と一般株主との間に大きな情報の非対称性が存在することを踏まえて，一般株主に対して充実した情報提供を行うことが望ましいとされている。そして，特別委員会に関しては，〈表3－1〉の情報について充実した開示が行われることが望ましいとされている（公正M&A指針3.6.2.1）。実務上，具体的にどのような開示がなされるかについては，後記3をご参照いただきたい。

〈表3－1〉特別委員会に関する情報開示

類型	開示する情報の例
① 委員の独立性や専門性等の適格性に関する情報	・委員の独立性，属性・選任理由，選定プロセス等
② 特別委員会に付与された権限の内容に関する情報	・取締役会においてあらかじめ特別委員会が取引条件が妥当でないと判断した場合には当該M&Aに賛同しないとの決定が行われたか否か ・特別委員会に対して自らのアドバイザー等を選任する権限や対象会社の取締役会のアドバイザー等を指名・承認する権限等が付与されたか否か
③ 特別委員会における検討経緯や，買収者との取引条件の交渉過程への関与状況に関する情報	・特別委員会の設置時期，検討事項，受領した情報の類型，審議回数・審議時間等

④ 当該M&Aの是非，取引条件の妥当性や手続の公正性（公正性担保措置の実施状況等）についての特別委員会の判断の根拠・理由，答申書の内容に関する情報	・当該M&Aに関する主要な検討事項がある場合には，当該事項に関する検討結果や根拠・理由
⑤ 委員の報酬体系に関する情報	・当該M&Aの成立等を条件に支払われる成功報酬か，当該M&Aの成否にかかわらず支払われる固定報酬か等

3 開示規制

(1) 総　論

　MBOおよび支配株主による従属会社の買収の場合，金銭を買収対価として，まず公開買付けを行い，その後にスクイーズ・アウトを行うことによって対象会社の株式全部を取得する，いわゆる二段階買収の方法によることが，実務上一般的であるところ，公開買付けを行う場合，公開買付者および対象会社のそれぞれにおいて，金融商品取引法および（上場会社である場合には）上場規則に基づいて開示が義務づけられる。

　公開買付けにあたり必要となる書類およびその開示スケジュールの概要は，〈表3－2〉のとおりである。なお，以下のスケジュールは，公開買付者および対象会社ともに，東京証券取引所に上場している場合を想定している。

〈表3-2〉公開買付けにおける必要書類・開示スケジュール

時期	公開買付者	対象会社
(X-1)〜約3週間	関東財務局への事前相談（公開買付届出書）	―
(X-1)〜10日	東証[4]への事前相談（公開買付開始プレスリリース）	東証事前相談（意見表明プレスリリース）
X-1	公開買付開始プレスリリース	意見表明プレスリリース
X-1（〜17：15）	公開買付開始公告のEDINET登録	―
X（0：00）	公開買付開始公告掲載	―
公開買付開始日（X）	公開買付届出書	意見表明報告書
公開買付期間	公開買付届出書の訂正届出書	―
公開買付期間終了日（Y）	―	―
Y+1営業日	公開買付結果公告 公開買付報告書 公開買付結果プレス	プレスリリース（公開買付けの結果，親会社の異動等）
Yの後遅滞なく	臨時報告書（特定子会社異動）	臨時報告書（親会社異動）
Y+5営業日以内	大量保有報告書（または変更報告書）	―

(2) 金融商品取引法

① 公開買付届出書

　公開買付者は，公開買付開始公告を行った日（その日が行政期間の休日に当たるときは，その翌日）に，公開買付届出書およびその添付書類を関東財務局長に提出しなければならない（金融商品取引法（以下「金商法」という）27条の3第2項，発行者以外の者による株券等の公開買付けの開示に関する内閣府令（以

4　公開買付者および対象会社が上場している金融商品取引所によって事前相談の要否・時期等は異なる。

下「他社株買付府令」という）12条～14条）。実務上，公開買付届出書の提出にあたっては，公表の約3週間前までに関東財務局に対して事前相談を開始し，公開買付届出書のドラフトについてレビューを受けることが必要となる。

公開買付届出書は，他社株買付府令第2号様式に従って作成されるところ，その構成は〈表3－3〉のとおりであり，これらのうち特別委員会に関する項目は右列に○をした項目である。

〈表3－3〉公開買付届出書の開示項目

開示項目	
第1　公開買付要項	
1　対象者名	
2　買付け等をする株券等の種類	
3　買付け等の目的	○
4　買付け等の期間，買付け等の価格および買付予定の株券等の数	
(1)　買付け等の期間	
(2)　買付け等の価格	○
(3)　買付予定の株券等の数	
5　買付け等を行った後における株券等所有割合	
6　株券等の取得に関する許可等	
(1)　株券等の種類	
(2)　根拠法令	
(3)　許可等の日付および番号	
7　応募および契約の解除の方法	
(1)　応募の方法	
(2)　契約の解除の方法	
(3)　株券等の返還方法	
(4)　株券等の保管および返還を行う金融商品取引業者・銀行等の名称および本店の所在地	
8　買付け等に要する資金	
(1)　買付け等に要する資金等	
(2)　買付け等に要する資金に充当しうる預金または借入金等	
(3)　買付け等の対価とする有価証券の発行者と公開買付者との関係等	

	9	買付け等の対価とする有価証券の発行者の状況	
	10	決済の方法	
		(1) 買付け等の決済をする金融商品取引業者・銀行等の名称および本店の所在地	
		(2) 決済の開始日	
		(3) 決済の方法	
		(4) 株券等の返還方法	
	11	その他買付け等の条件および方法	
		(1) 法第27条の13第4項各号に掲げる条件の有無および内容	
		(2) 公開買付けの撤回等の条件の有無，その内容および撤回等の開示の方法	
		(3) 買付け等の価格の引下げの条件の有無，その内容および引下げの開示の方法	
		(4) 応募株主等の契約の解除権についての事項	
		(5) 買付条件等の変更をした場合の開示の方法	
		(6) 訂正届出書を提出した場合の開示の方法	
		(7) 公開買付けの結果の開示の方法	
第2	公開買付者の状況		
	1	会社の場合	
		(1) 会社の概要	
		(2) 経理の状況	
		(3) 継続開示会社たる公開買付者に関する事項	
	2	会社以外の団体の場合	
	3	個人の場合	
第3	公開買付者およびその特別関係者による株券等の所有状況および取引状況		
	1	株券等の所有状況	
		(1) 公開買付者および特別関係者による株券等の所有状況の合計	
		(2) 公開買付者による株券等の所有状況	
		(3) 特別関係者による株券等の所有状況（特別関係者合計）	
		(4) 特別関係者による株券等の所有状況（特別関係者ごとの内訳）	
	2	株券等の取引状況	
		(1) 届出日前60日間の取引状況	
	3	当該株券等に関して締結されている重要な契約	

4	届出書の提出日以後に株券等の買付け等を行う旨の契約	
第4	公開買付者と対象者との取引等	
1	公開買付者と対象者またはその役員との間の取引の有無および内容	
2	公開買付者と対象者またはその役員との間の合意の有無および内容	○
第5	対象者の状況	
1	最近3年間の損益状況等	
2	株価の状況	
3	株主の状況	
4	継続開示会社たる対象者に関する事項	
5	伝達を受けた公開買付け等の実施に関する事実の内容等	
6	その他	

　このうち，「買付け等の価格」に関しては，「算定の経緯」を記載する必要がある。そして，MBO等の場合，買付価格の公正性を担保するための措置を講じているときは，その具体的内容を記載することが求められている（他社株買付府令第2号様式記載上の注意(6) f ）。また，MBOや親会社による子会社の買収の場合，利益相反を回避する措置を講じているときは，「公開買付者と対象者又はその役員との間の合意の有無及び内容」の欄において，その具体的内容を記載することが求められている（他社株買付府令第2号様式記載上の注意(26)）。したがって，対象会社において特別委員会を設置している場合には，「買付価格の公正性を担保するための措置」，「利益相反を回避するための措置」として対象会社における特別委員会の設置や特別委員会の活動内容についての記載が行われることになる。さらに，「公正性を担保するための措置」，「利益相反を回避するための措置」は，買付け等の目的の欄にも記載することが一般的である。

　なお，友好的なM&Aにおいては，対象会社自身に関する情報や，公正性担保措置のうち，対象会社において実施する措置については，通常，対象者による開示書類（意見表明決定時のプレスリリース）を引用して記載される。特別委員会は，対象会社において設置されるものであるため，通常，公開買付届出書においては，対象会社の開示書類における特別委員会に関する記載内容が，伝聞形式で記載され，内容も意見表明報告書に記載の内容となる。

② 意見表明報告書

　対象会社は，公開買付開始公告が行われた日から10営業日以内に，当該公開買付けに関する意見等を記載した意見表明報告書を関東財務局に提出する必要がある（金商法27条の10第1項，金商法施行令13条の2第1項）。意見表明報告書については，実務上，公開買付届出書と異なり，関東財務局への事前相談は行われていない。もっとも，上記のとおり，友好的なM&Aにおいては，通常，公開買付届出書においては，対象会社の開示書類（意見表明決定時のプレスリリース）における特別委員会に関する記載内容や対象会社に関する記載内容等が，伝聞形式で記載されるところ，意見表明決定時のプレスリリースと意見表明報告書における記載内容は一致するため，公開買付届出書の関東財務局に対しての事前相談を通じて，意見表明報告書における特別委員会に関する記載内容や対象会社に関する記載内容等は，実質的に関東財務局の確認を経ることになる（なお，特別委員会の答申書の内容は，通常，公表日近くにならないと内容が明らかにならないため，答申の概要の記載は，通常は，公表日に近いタイミングで関東財務局の確認を経ることになるものと思われる）。なお，友好的なM&Aにおいては，通常，公開買付開始日と同日に意見表明報告書が提出されることが一般的である。

　意見表明報告書は，他社株買付府令第4号様式に従って作成されるところ，その構成は〈表3-4〉のとおりであり，これらのうち特別委員会に関する項目は右列に○をした項目である。

〈表3-4〉意見表明報告の開示項目

	開示項目	
1	公開買付者の氏名または名称および住所または所在地	
2	公開買付者が買付け等を行う株券等の種類	
3	当該公開買付けに関する意見の内容，根拠および理由	○
4	役員が所有する株券等の数および当該株券等に係る議決権の数	
5	公開買付者またはその特別関係者による利益供与の内容	
6	会社の支配に関する基本方針に係る対応方針	

7	公開買付者に対する質問	
8	公開買付期間の延長請求	

　上記のとおり意見表明報告書には,「当該公開買付けに関する意見の内容,根拠及び理由」を記載する必要がある。そして,「根拠」については,意思決定に至った過程を具体的に記載することが求められている（他社株買付府令第4号様式記載上の注意(2)b）。そして,対象会社が上場会社である場合には,公開買付けに関する意見表明の決定時のプレスリリースと意見表明報告書で重複する開示事項については,その記載内容を揃えることが一般的であるところ,後記(3)②のとおり,意見の根拠および理由に関して,特別委員会についての記載がされるため,意見表明報告書においても,「当該公開買付けに関する意見の内容,根拠及び理由」の欄において,特別委員会について記載されることになる。

　また,MBOや親会社による子会社の買収の場合,利益相反を回避する措置を講じているときは,その具体的内容を記載することが求められている（他社株買付府令第4号様式記載上の注意(2)d）。したがって,「当該公開買付けに関する意見の内容,根拠及び理由」の欄において,意見の根拠および理由のほかに,「利益相反を回避する措置」としても,特別委員会についての記載がされることとなる。

(3) 上場規則

① 公開買付け開始決定時のプレスリリース

　公開買付者が上場会社またはその子会社等である場合には,その業務執行を決定する機関が,公開買付けを行うことについての決定をした場合は,ただちにその内容を開示することが義務づけられている（有価証券上場規程402条1号x,403条1号o）。そして,公開買付けのうち,(i)上場廃止となる見込みがある場合（二段階買収の予定がある場合を含む）,(ii)上場子会社に対する公開買

付けを行う場合，(iii)その他開示上特に考慮を要する事情があると判断される場合には，事前相談を行う必要があり，公表予定日の遅くとも10日前までに，開示資料（案）および算定機関からの算定書（案）を提出することが求められている。

公開買付け開始決定時のプレスリリースの記載内容は，東証適時開示ガイドブックにおいて定められているところ，その構成は〈表3－5〉のとおりであり，これらのうち特別委員会に関する項目は右列に○をした項目である。

〈表3－5〉公開買付開始プレスの開示項目

開示項目	
1　買付け等の目的等	
(1)　買付け等の目的	○
(2)　上場廃止となる見込みおよびその事由	
(3)　公開買付者と対象者の株主との間における公開買付けへの応募に係る重要な合意に関する事項	○
(4)　いわゆる二段階買収に関する事項	
(5)　上場子会社に対する公開買付けの実施を決定するに至った意思決定の過程	
(6)　公正性を担保するための措置	○
(7)　利益相反を回避するための措置	○
2　買付け等の概要	
(1)　対象者の概要	
(2)　日程等	
(3)　買付け等の価格	
(4)　買付け等の価格の算定根拠等	○
(5)　買付予定の株券等の数	
(6)　買付け等による株券等所有割合の異動	
(7)　買付代金	
(8)　決済の方法	
(9)　その他買付け等の条件および方法	
(10)　公開買付開始公告日	
(11)　公開買付代理人	
3　公開買付け後の方針等および今後の見通し	

4　その他	
(1)　公開買付者と対象者またはその役員との間の合意の有無および内容	
(2)　投資者が買付け等への応募の是非を判断するために必要とされるその他の情報	

　このうち，上場子会社に対する公開買付けを行う場合，その他特に当該公開買付けの公正性を担保する必要があると判断される事情がある場合には，利益相反を回避するための措置の内容を具体的に記載するか，特段の措置を講じていない場合には，その旨を記載することが求められている。そして，利益相反を回避するための措置として，対象会社において当該公開買付けの決定を取締役会から独立した特別委員会の判断に委ねることが例示されている。したがって，対象会社において特別委員会を設置している場合には，利益相反を回避するための措置として，特別委員会についての記載がされることとなる。また，公開買付け開始決定時のプレスリリースと公開買付届出書で重複する開示事項については，その記載内容を揃えることが一般的であるため，上記3⑵に記載のとおり，「買付け等の目的」，「算定の経緯」および「公開買付者と対象者又はその役員との間の合意の有無」の欄においても，「買付価格の公正性を担保するための措置」，「利益相反を回避するための措置」として，特別委員会についての記載がされることとなる。

　なお，友好的なM&Aにおいて，対象会社の開示書類（意見表明の決定時のプレスリリース）における特別委員会に関する記載内容が，公開買付者の公開買付け開始決定時のプレスリリースに伝聞形式で記載される点は，公開買付届出書と同様である。

② 　公開買付けに関する意見表明の決定時のプレスリリース

　上場会社の業務執行を決定する機関が，公開買付け等に関する意見の公表もしくは株主に対する表示についての決定をした場合は，ただちにその内容を開

示することが義務づけられている（有価証券上場規程402条1号ｙ）。そして，当該公開買付けがMBO等である場合には，必要かつ十分な開示を行うことが義務づけられている（有価証券上場規程441条，441条の2第2項）。そして，公開買付け等に関する意見表明等のうち，(i)MBO等に関して意見表明を行う場合，(ⅱ)上場廃止となることが見込まれる公開買付けに関して応募することを勧める旨の意見表明を行う場合（二段階買収の予定がある場合を含む），(ⅲ)その他開示上特に考慮を要する事情があると判断される場合には，事前相談を行う必要があり，公表予定日の遅くとも10日前までに，開示資料（案）および算定機関からの算定書（案）を提出することが求められている。加えて，前記(2)①に記載のとおり，公開買付けに関する意見表明の決定時のプレスリリースは，公開買付届出書において引用されることが一般的であるため，対象会社に関する記載内容や特別委員会に関する記載内容等については，公開買付届出書の関東財務局に対しての事前相談を通じて，実質的に関東財務局の確認を経ることになる。なお，友好的なM&Aにおいては，公開買付け開始決定時のプレスリリースと公開買付けに関する意見表明の決定時のプレスリリースは，同時に公表されることが一般的である。

公開買付けに関する意見表明の決定時のプレスリリースの記載内容は，東証適時開示ガイドブックにおいて定められているところ，その構成は〈表3－6〉のとおりであり，これらのうち特別委員会に関する項目は右列に○をした項目である。

〈表3－6〉意見表明プレスの開示項目

開示項目	
1　公開買付者の概要	
2　買付け等の価格	
3　当該公開買付けに関する意見の内容，根拠および理由	
(1)　意見の内容	
(2)　意見の根拠および理由	○
(3)　算定に関する事項	

	(4) 上場廃止となる見込みおよびその理由	
	(5) いわゆる二段階買収に関する事項	
	(6) 公正性を担保するための措置	○
	(7) 利益相反を回避するための措置	○
4	公開買付者と自社株主・取締役等との間における公開買付けへの応募に係る重要な合意に関する事項	
5	公開買付者またはその特別関係者による利益供与の内容	
6	会社の支配に関する基本方針に係る対応方針	
7	公開買付者に対する質問	
8	公開買付期間の延長請求	
9	今後の見通し	

　このうち，MBO等に関する意見表明を行う場合には，「当該公開買付けに関する意見の内容，根拠及び理由」のうち「意見の根拠及び理由」について，当該公開買付けに応募することを勧める意見である場合には，公正な手続を通じた株主利益への配慮に関する説明を含め，株主に対して当該MBO等に応募することを勧めるに至った考えについてわかりやすく具体的に記載することが求められている。したがって，公正性担保措置の1つである，特別委員会に関して，上記2の公正M&A指針で開示することが望ましいとされている情報が記載されることとなる。この点に関し，上記2(2)のとおり公正M&A指針では，当該M&Aの是非，取引条件の妥当性や手続の公正性，特別委員会の判断の根拠・理由，答申書の内容に関する情報の記載が望ましいとされている。したがって，答申書については，答申書自体を開示する方法も考えられるものの，実務上は，答申書の要旨の記載にとどめることが一般的である。一方，東証からは，答申書それ自体の開示までは要請されないものの，内容確認のため答申書のドラフトや最終版を東証に対して提出するよう求められることも多く，東証における内容確認の結果，プレスリリースの当初ドラフトに記載されていない答申書の内容をプレスリリースに記載するよう要請されたり，プレスリリースのドラフトに記載されている答申書の要旨が答申書の内容と齟齬があるように見受けられる場合には指摘を受けたりする可能性がある[5]（なお，特別委員会

の答申書の内容は、通常、公表日近くにならないと内容がわからないため、このやりとりは、通常、公表日付近で生じることが多い)。したがって、特別委員会としては、東証の要請に基づき答申書の記載内容の要旨が、プレスリリースにより開示される可能性があることを念頭に答申書を作成する必要がある。

　また、MBO等に関して意見表明を行う場合は、公正性を担保するための措置および利益相反を回避するための措置のそれぞれについて、その内容を具体的に記載するか、特段の措置を講じていない場合には、その旨を記載することが求められている。そして、上記1に記載のとおり、利益相反回避措置として、対象会社において、取締役会から独立した特別委員会を設置し、当該公開買付けに関する意見表明に関し諮問すること、当該特別委員会に公開買付者との間で交渉を行うことを委嘱することが例示されている（公正性を担保するための措置としては、特別委員会は例示されていないものの、当然に含まれるものと考えられる）。したがって、公正性を担保するための措置および利益相反を回避するための措置として、特別委員会についての記載がされることとなる。

(4) 特別委員会に関する具体的記載内容

　特別委員会に関連する事項の具体的な記載内容は、事例ごとにさまざまではあるが、一般的には、以下の情報が開示されることが多い。なお、特別委員会には対象会社および一般株主の利益を図る立場に立った検討・判断が期待されることに鑑みれば、株主・投資者に取引条件の妥当性等の判断に資する判断材料を提供し、十分な情報に基づく適切な判断を促す観点から、特別委員会が重点的に検討した事項を中心に、具体的かつ丁寧な開示を行うことが望ましいとされている。

5　現時点で、関東財務局に対して、答申書のドラフトや最終版を提出することは、一般的に行われていないようである。ただし、今後の実務上の取扱いの変更については留意する必要がある。

① 特別委員会の委員の構成・選任理由

　特別委員会の委員の人数，各委員の属性（社外役員，社外有識者等），各委員が専門性を有する分野等を開示することが一般的であるため，特別委員の選定にあたっては，その属性・専門性が開示されることも考慮の上で検討する必要がある（特別委員の属性・専門性について，第5章3を参照）。また，特別委員会の委員を変更した事実の有無についても開示することが一般的であるところ，変更があった場合にはその理由を含めて開示することが望ましいと考えられる。このほかに，特別委員のうち，社外有識者について，特別委員として適性を有すると判断した理由や，選定方法を含め特別委員会の委員長について開示する事例も存在する。

〈開示例（株式会社ATグループによる令和4年2月4日付「MBOの実施及び応募の推奨に関するお知らせ」21頁）〉

> 本特別委員会の委員としては事業会社の経営者として培われた豊富な経験と幅広い見識を有する神野重行氏（当社独立社外取締役，三重産業株式会社代表取締役，スギホールディングス株式会社社外取締役），事業会社の経営者として培われた豊富な経験と，とりわけ自動車業界に係る幅広い見識を有する石井克政氏（当社独立社外取締役），長年にわたり企業監査をはじめとした会計に関する職務等に携わり，これらを通じて培われた豊富な経験と幅広い見識を有する小川薫氏（当社独立社外監査役，仰星監査法人パートナー公認会計士，株式会社ジャパン・ティッシュ・エンジニアリング社外監査役）の3名を選定しております。なお，当社は，当初からこの3名を本特別委員会の委員として選定しており，本特別委員会の委員を変更した事実はありません。

〈開示例（株式会社NTTドコモによる令和2年9月29日付「当社親会社である日本電信電話株式会社による当社株式等に対する公開買付けに係る賛同の意見表明及び応募推奨に関するお知らせ」29頁)〉

> 当社は，並行して，中村・角田・松本法律事務所の助言を得つつ，特別委員会の委員の候補となる当社の独立社外取締役の独立性及び適格性等についても確認を行いました。その上で，当社は，公開買付者からの独立性を有すること（新宅正明氏，菊地伸氏及び辻山栄子氏と公開買付者又は当社との間に重要な利害関係は存在しないことを確認しております。），及び本取引の成否に関して一般株主の皆さまとは異なる重要な利害関係を有していないことを確認した上で，中村・角田・松本法律事務所の助言を得て，特別委員会全体としての知識・経験・能力のバランスを確保しつつ適正な規模をもって特別委員会を構成するべく，長年にわたるグローバル企業社長等としての企業経営及び企業の社外役員の経歴を通じて培った豊富な経験，知見を有する新宅正明氏（当社独立社外取締役，株式会社ファーストリテイリング 社外取締役，公益財団法人スペシャルオリンピックス日本 参与），長年にわたり企業法務をはじめとした法律に関する職務に携わり，その経歴を通じて培った専門家としての豊富な経験，知見を有する菊地伸氏（当社独立社外取締役，外苑法律事務所 パートナー弁護士），並びに公認会計士資格及び長年にわたる大学教授としての経験を通じて培った財務及び会計に関する知見を有する辻山栄子氏（当社独立社外取締役（監査等委員），早稲田大学名誉教授・監事，株式会社ローソン社外監査役）の3氏を特別委員会の委員の候補として選定いたしました（なお，特別委員会の委員は設置当初から変更しておりません。）。

〈開示例（日本アセットマーケティング株式会社による令和3年12月27日付「支配株主である株式会社パン・パシフィック・インターナショナルホールディングスによる当社株式に対する公開買付けに関する賛同の意見表明及び応募推奨のお知らせ」23頁)〉

> 当社の社外取締役である宮田勝弘氏（監査等委員，不動産鑑定士）及び小林明夫氏（監査等委員，税理士）並びに外部の有識者である笠野さち子氏（弁護士，

潮見坂綜合法律事務所）の3名によって構成される本特別委員会を設置し（なお，外部の有識者である笠野さち子氏は，公開買付者，エルエヌ及び当社から独立しており，本取引の成否に関して，一般株主とは異なる重要な利害関係を有しておりません。また，当社は，当初からこの3名を本特別委員会の委員として選定しており，本特別委員会の委員を変更した事実はございません。……）……。

【社外有識者の適性についての判断理由を記載する事例】
〈開示例（イソライト工業株式会社による令和3年12月23日付「支配株主である品川リフラクトリーズ株式会社による当社株式に対する公開買付けに関する賛同の意見表明及び応募推奨に関するお知らせ」26-27頁）〉

白江伸宏氏（当社社外取締役（監査等委員）），石川明彦氏（当社社外取締役（監査等委員））及び岩谷博紀氏（岩谷・村本・山口法律事務所 弁護士）の3名から構成される本特別委員会を設置いたしました。本特別委員会の設置に先立ち，当社は，西村あさひ法律事務所の助言を得つつ，当社の社外取締役である白江伸宏氏及び石川明彦氏並びに社外有識者である岩谷博紀氏が，公開買付者からの独立性を有すること，及び本取引の成否に関して一般株主の皆様とは異なる重要な利害関係を有していないことを確認した上で，本特別委員会全体としての知識・経験・能力のバランスを確保しつつ適正な規模をもって本特別委員会を構成するべく，上記3名を本特別委員会の委員の候補として選定いたしました。本特別委員会の委員のうち，岩谷博紀氏は当社の役員ではありませんが，本取引と同種の案件のご経験があることに加え，長年にわたり企業法務をはじめとした法律に関する職務に携わり，その経歴を通じて培った専門家としての豊富な経験及び知見を有していることから，当社は，同氏が社外有識者として特別委員にふさわしいものと考えております。

〈開示例（ライクキッズ株式会社による令和2年6月9日付「支配株主であるライク株式会社による当社株式に対する公開買付けに関する賛同の意見表明及び応募推奨のお知らせ」26頁)〉

> 当社社外取締役（監査等委員）である高谷康久氏及び鈴木康之氏（弁護士），並びに外部の有識者である寺田芳彦氏（公認会計士・税理士，トラスティーズ・コンサルティングLLP）及び熊澤誠氏（弁護士，新幸総合法律事務所）の4名から構成される本特別委員会を設置……（なお，外部の有識者である寺田芳彦氏及び熊澤誠氏は，当社及び公開買付者から独立しており，本取引の成否に関して，一般株主とは異なる重要な利害関係を有しておりません。また，当社は，本特別委員会の委員として設置当初からこの4名を選定しており，本特別委員会の委員を変更した事実はありません。……）……。

【委員長について開示する事例】

〈開示例（総合メディカルホールディングス株式会社による令和4年2月5日付「MBOの実施及び応募の推奨に関するお知らせ」26-27頁)〉

> 当社及び公開買付者から独立した三ツ角直正氏（当社社外監査役，三ツ角法律事務所所長），権藤説子氏（当社社外監査役，権藤説子税理士事務所所長）及び長伸幸氏（長公認会計士事務所所長）の3名によって構成される本特別委員会（なお，本特別委員会の委員は，設置当初から変更しておらず，また，委員の互選により，本特別委員会の委員長として三ツ角直正氏を選定しております。）を設置することを決議いたしました。なお，当社の子会社は，同日以前においても継続的に長伸幸氏が所属する長公認会計士事務所から税務等に関する助言を受けており，同事務所との間で顧問契約を締結していますが，これまでに当社グループが同事務所にこれらの助言の対価として支払った金額は，同事務所の規模等からすると少額であり，同氏の本取引に関する助言の公正性に疑いを抱かせる金額ではなく，同氏は当社からの独立性が認められると考えております。

〈開示例（パイプドHD株式会社による令和3年9月30日付「MBOの実施及び応募の推奨に関するお知らせ」28-29頁）〉

> 当社及び公開買付者らから独立し，高度の識見を有すると考えている鶴本浩司氏（当社社外取締役），大村健氏（当社社外監査役，弁護士）及び渡邉宣昭氏（当社社外監査役，公認会計士）の3名によって構成される本特別委員会（なお，本特別委員会の委員は，設置当初から変更しておらず，また，委員の互選により，本特別委員会の委員長として鶴本浩司氏を選定しております。）を設置することを決議いたしました。

② 対象会社の取締役会による特別委員会の判断の扱い

後記第4章3のとおり，取締役会は，特別委員会の設置の決議とあわせて，(i)特別委員会に対する諮問事項，(ii)当該諮問事項に対する特別委員会の判断内容の取締役会における取扱い，(iii)特別委員会が取引条件が妥当でないと判断した場合の取締役会における対応等をあらかじめ定めることが一般的であり，このような特別委員会の判断の扱いに関する方針を開示することが一般的である。なお，特別委員会の判断の取扱いとしては，特別委員会の意見を最大限尊重し，特別委員会が取引条件が妥当でないと判断した場合には当該M&Aに賛同しないという方針を採用する事例が多く認められる。

〈開示例（株式会社ATグループによる令和4年2月4日付「MBOの実施及び応募の推奨に関するお知らせ」21-22頁）〉

> 当社取締役会は，本特別委員会の設置に際し，(a)当社取締役会において本取引（本公開買付けに係る当社の意見表明を含む。）に関する決定を行うに際しては，本特別委員会の意見を最大限尊重し，本特別委員会が本取引について妥当でないと判断した場合には，本取引を行う旨の意思決定を行わないこと……を，併せて決議しております。

〈開示例（パイプドHD株式会社による令和3年9月30日付「MBOの実施及び応募の推奨に関するお知らせ」29頁）〉

> 当社取締役会は，本取引に関する当社取締役会の意思決定は本特別委員会の判断内容を最大限尊重して行われるものとし，特に本特別委員会が本取引に関する取引条件を妥当でないと判断したときには，当社取締役会は本公開買付けに賛同しないものとすることを決議しております。

〈開示例（総合メディカルホールディングス株式会社による令和4年2月5日付「MBOの実施及び応募の推奨に関するお知らせ」27頁)〉

> 当社は，本取引に関する当社取締役会の意思決定は，上記委嘱に基づく本特別委員会の判断内容を最大限尊重して行うものとすることを決議……。

〈開示例（日本アセットマーケティング株式会社による令和3年12月27日付「支配株主である株式会社パン・パシフィック・インターナショナルホールディングスによる当社株式に対する公開買付けに関する賛同の意見表明及び応募推奨のお知らせ」23頁)〉

> 当社取締役会は，本特別委員会の設置にあたり，本特別委員会の判断内容を最大限尊重して本取引に係る意思決定を行うものとし，本特別委員会が本取引の取引条件が妥当でないと判断した場合には，本取引に賛同しないこととすることを決議しております。

〈開示例（イソライト工業株式会社による令和3年12月23日付「支配株主である品川リフラクトリーズ株式会社による当社株式に対する公開買付けに関する賛同の意見表明及び応募推奨に関するお知らせ」27頁)〉

> 本特別委員会への諮問にあたり，当社取締役会は，本特別委員会の判断内容を

> 最大限尊重して本取引に係る意思決定を行うものとし，本特別委員会が本取引の取引条件が妥当でないと判断した場合には，本取引に賛同しないことを決議しております。

〈開示例（株式会社NTTドコモによる令和2年9月29日付「当社親会社である日本電信電話株式会社による当社株式等に対する公開買付けに係る賛同の意見表明及び応募推奨に関するお知らせ」29頁)〉

> 当社取締役会は，特別委員会の設置にあたり，特別委員会を当社取締役会から独立した合議体として位置付け，本取引に関する意思決定を行うに際して，特別委員会の意見を最大限尊重し，特別委員会が本取引について妥当でないと判断した場合には本取引を行う旨の意思決定を行わないこと，及び当社が公開買付者と本取引の取引条件等について交渉するにあたり，本特別委員会に適時にその状況を報告し，重要な局面でその意見，指示及び要請を受けることを決議……。

〈開示例（ライクキッズ株式会社による令和2年6月9日付「支配株主であるライク株式会社による当社株式に対する公開買付けに関する賛同の意見表明及び応募推奨のお知らせ」26頁)〉

> 当社取締役会は，本特別委員会の判断内容を最大限尊重して本取引に係る意思決定を行うものとし，本特別委員会が本取引の取引条件が妥当でないと判断した場合には，本取引に賛同しないことを併せて決議しております。

③ 特別委員会の検討経緯に関する情報

　最終的に特別委員会の設置から答申に至るまで，どの程度の回数・時間をかけて審議が行われたかを開示することが一般的であるため，あらかじめ議事録等により正確に記録しておく必要がある。また，具体的な検討経緯として，法

務アドバイザーの説明等も踏まえた公正性担保措置についての検討状況，公開買付者，対象会社および第三者算定機関から受領した情報や質疑応答の状況について開示することが考えられるため，これらの検討経緯についても正確に記録しておく必要がある。

〈開示例（株式会社ATグループによる令和4年2月4日付「MBOの実施及び応募の推奨に関するお知らせ」22頁）〉

> 本特別委員会は，2021年11月11日より2022年2月4日まで合計12回，合計約20時間にわたって開催されたほか，各会日間においても電子メールを通じて報告・情報共有，審議及び意思決定等を行う等して，本諮問事項について，慎重に検討及び協議を実施しております。
> 本特別委員会は，KPMG及び西村あさひ法律事務所から受けた説明を踏まえ，本取引において手続の公正性を確保するために講じるべき措置について検討を行っております。

> 本特別委員会は，公開買付者から，現状の経営課題，本取引の背景・目的・意義，このタイミングで本取引を実施する理由，本取引後の経営方針・本取引による影響，本取引実行に際して想定される条件・懸念事項（リスク）等について説明を受け，質疑応答を実施しております。……加えて，KPMGから当社株式の株式価値の算定方法及び結果に関する説明を受け，当該算定方法の前提，内容及び結果等について財務的見地から質疑応答を行い，その合理性を検証したほか，西村あさひ法律事務所から本取引において利益相反を軽減又は防止するために採られている措置及び本取引に関する説明を受け，公正性担保措置の一般的意義・概念及び本取引における当該措置の十分性等に関して質疑応答を行うとともに，当社から本取引の諸条件の交渉経緯及び決定過程等に関する説明を受け，公開買付者から提案された本公開買付価格が，当社が実現しうる本源的価値が適切に反映されているか等についての質疑応答を実施しております。

> 本特別委員会は，2021年12月24日に開催された第7回特別委員会において，当社が公表又は提出予定の本公開買付けに係るプレスリリースのドラフトの内容の説明，2022年1月20日に開催された第10回特別委員会及び2022年2月4日に

開催された第12回特別委員会において当該プレスリリースのドラフトのその後の変更内容の説明，2022年2月4日に開催された第12回特別委員会において意見表明報告書のドラフトの内容についての説明，2022年1月13日に開催された第9回特別委員会において公開買付者が提出予定の本公開買付けに係る公開買付届出書のドラフトの内容についての説明をそれぞれ受け，充実した情報開示がなされる予定であることを確認しております。

〈開示例（パイプドHD株式会社による令和3年9月30日付「MBOの実施及び応募の推奨に関するお知らせ」29頁)〉

> 本特別委員会は，2021年8月13日より2021年9月29日までの間に合計9回（合計8.5時間）開催され，本諮問事項についての協議・検討を行いました。具体的には，本特別委員会は，当社から，本取引の提案を受けた経緯，本取引の目的，事業環境，事業計画，経営課題等に関する説明を受け，質疑応答を行い，また，公開買付者らから，本取引を提案するに至った経緯及び理由，本取引の目的，本取引の諸条件等について説明を受け，質疑応答を行いました。……さらに，野村證券から当社株式の株式価値の算定方法及び結果に関する説明を受けております。

〈開示例（総合メディカルホールディングス株式会社による令和4年2月5日付「MBOの実施及び応募の推奨に関するお知らせ」27，28頁)〉

> 特別委員会は，2020年1月7日より2020年2月4日まで合計7回開催され，本諮問事項について，慎重に検討及び協議を行いました。

> 本特別委員会は，当社から，当社の2020年4月以降を対象期間とする中期経営計画案について，当社を取り巻く外部環境，当該外部環境を踏まえた対象期間中の経営方針，個別の取り組みの内容，財務計画等を含め説明を受け，質疑応答を行った上，当社から，本取引の定性的な意義に関する説明を受け，当社の各事業，意思決定過程，当社従業員のモチベーション等への影響等の事項について質疑応答を行いました。

また、公開買付者における本取引の検討過程、本取引後に実行を想定している企業価値の向上のための具体的な施策の内容、当該施策により当社が享受するメリットの具体的内容、本取引後に実行する施策による短期的・長期的な業績の見通し、本取引にかかる資金調達が当社グループの企業価値に及ぼす影響、本取引の実施によって当社株式が上場廃止となることにより懸念される事項、本取引後における当社グループのガバナンス体制・経営体制の方向性等の事項について、坂本氏及びポラリスに対して書面による質問を行い、これらの事項について、坂本氏及びポラリスから、口頭にて回答を受け、また、質疑応答を行っております。

さらに、本特別委員会は、市場における潜在的な買収者の有無を調査・検討する、いわゆる積極的なマーケット・チェック（本取引の公表前における入札手続等を含みます。）については、本公開買付けを含む本取引の公正性を担保するために実施された各種措置の内容、その他本取引における具体的な状況に鑑みて、これを実施しなくとも特段、本取引の公正性が阻害されることはない旨を判断いたしました。

本特別委員会は、複数回、当社が開示予定の本プレスリリースのドラフトについて説明を受け、西村あさひ法律事務所の助言を受けつつ、本取引に関する充実した情報開示がなされる予定であることを確認しております。

〈開示例（日本アセットマーケティング株式会社による令和3年12月27日付「支配株主である株式会社パン・パシフィック・インターナショナルホールディングスによる当社株式に対する公開買付けに関する賛同の意見表明及び応募推奨のお知らせ」23-24頁）〉

本特別委員会は、2021年11月10日より2021年12月24日までの間に合計10回（審議時間の合計約13時間）開催されたほか、各会日間においても、電子メール等の方法により、報告、協議及び検討がなされた上で、本諮問事項についての協議及び検討を慎重に行いました。

本特別委員会は，白濱満明代表取締役及び和知学取締役が，当社グループを除く公開買付者グループの役職員との兼任関係があるものの，現在，それぞれ当社の代表取締役社長及び管理本部部長の役職にあり，当社における定量面での検討に精通しており，当社の事業計画の策定に不可欠かつ当社の他の役職員により代替できないことから，公開買付者との直接の交渉には参加せず，交渉に必要な事業計画の策定，特別委員会の求めに応じて行われる当社の事業概況及び事業計画の策定結果に関する特別委員会への説明その他特別委員会が承認する事項にのみ関与するという形で白濱満明代表取締役及び和知学取締役の役割を可能な限り限定的とすることを条件として，本取引に係る検討過程に関与すること，その他当社における本取引の検討体制についても，独立性の観点から問題がないことを確認しました。その上で，本特別委員会は，公開買付者から，本取引の目的・意義，本取引に係る公正性の担保，本取引実行後の経営方針に関する事項等について説明を受け，質疑応答を行いました。また，本特別委員会は，当社から，当社グループの事業の内容，外部環境，現在の経営課題，公開買付者グループとの関係，公開買付者の提案内容に対する当社の認識等に関する説明を受け，質疑応答を行いました。

みずほ証券から当社株式の株式価値の算定方法及び結果に関する説明を受け，当該算定方法及び結果の合理性に関して郡司昌恭氏から助言を得た上で，当該算定方法及び結果に対し財務的見地から質疑応答を行い，その合理性を検証したほか，西村あさひ法律事務所から本取引において利益相反を軽減又は防止するために採られている措置及び本取引に関する説明を受け，当該措置の十分性等に関して質疑応答を行うとともに，当社から本取引の諸条件の交渉経緯及び決定過程等に関する説明を受け，質疑応答を行っております。これらの内容を踏まえ，本特別委員会は本諮問事項について協議・検討を行いました。

〈開示例（イソライト工業株式会社による令和3年12月23日付「支配株主である品川リフラクトリーズ株式会社による当社株式に対する公開買付けに関する賛同の意見表明及び応募推奨に関するお知らせ」27頁)〉

> 本特別委員会は，2021年10月6日より2021年12月22日までの間に合計12回開催され，本諮問事項について慎重に協議及び検討を行いました。
> ……当社が社内に構築した本取引の検討体制（本取引に係る検討，交渉及び判断に関与する当社の役職員の範囲及びその職務を含みます。）について，独立性及び公正性の観点から問題がないことについても確認の上，承認しております。その後，本特別委員会は，(a)当社及び公開買付者より提出された各資料及び書類の検討，(b)公開買付者に対する，本取引の意義・目的，本取引の条件，本取引後の当社の経営方針に関する事項の書面による質疑応答及びインタビュー形式によるヒアリング，(c)当社の役職員に対する，本取引の意義・目的，本取引が当社の事業に与える影響及び公開買付者の提案内容等に関する事項のヒアリング，(d)当社及び大和証券に対する，当社が作成した事業計画の内容，重要な前提条件，作成経緯等に関するヒアリング及び当該事業計画の合理性の検証並びに(e)大和証券に対する当社株式の価値算定に関する事項のヒアリング等を行っております。

〈開示例（株式会社NTTドコモによる令和2年9月29日付「当社親会社である日本電信電話株式会社による当社株式等に対する公開買付けに係る賛同の意見表明及び応募推奨に関するお知らせ」29, 30, 31頁)〉

> 特別委員会は，2020年7月13日から同年9月29日までの間に合計13回，合計約23時間にわたって開催されたほか，各会日間においても頻繁に電子メールやWeb会議，バーチャルデータルーム等を通じて報告・情報共有，審議及び意思決定等を行う等して，本諮問事項に係る職務を遂行いたしました。

> 特別委員会は，下記「⑥当社における独立した検討体制の構築」に記載のとおり当社が社内に構築した本取引の検討体制（本取引に係る検討，交渉及び判断に関与する当社の役職員の範囲及びその職務を含みます。）に，独立性及び公正性の観点から問題がないことを確認の上，承認をしております。

その上で，特別委員会は，西村あさひ法律事務所から受けた法的助言及び中村・角田・松本法律事務所から聴取した意見を踏まえ，本取引において手続の公正性を確保するために講じるべき措置について検討を行っております。

特別委員会は，公開買付者に対して，本取引を実施する目的・理由等，この時期に本取引を行うことを選択した背景・目的，本取引後の当社の経営方針・ガバナンス等，本取引のデメリット，本取引の手続・条件等について，書面による質問を送付し，これらの事項について，特別委員会において公開買付者の北村亮太氏（執行役員経営企画部門長）から直接説明を受け，質疑応答を行っております。

また，特別委員会は，当社の藤原道朗氏（取締役常務執行役員経営企画部長）に対して特別委員会への出席を求め，本取引の意義・目的等，本取引の実施時期・方法，本取引後の当社の経営方針・ガバナンス等，当社の株式価値の考え方，その他の事項等について当社経営陣としての見解及び関連する情報を聴取するとともに，これらの事項について質疑応答を行っております。

加えて，公開買付者並びに野村證券及びプルータスによる当社普通株式の価値評価の基礎となる当社の事業見通しについて，その重要性に鑑み，当社取締役会において，利害関係を有しない取締役全員による審議を経た決議により内容を確定した後に公開買付者並びに野村證券及びプルータスに提示すべきとの特別委員会の意見を踏まえ，当社は，2020年8月3日に開催された取締役会において，事業見通しの内容を決議し，同日，公開買付者及び野村證券に，同年8月5日，プルータスにそれぞれ提示しております。上記の当社取締役会においては，当社の取締役15名のうち，井伊基之氏，廣井孝史氏は過去に公開買付者の取締役を務めていたこと，寒河江弘信氏，中田勝已氏は過去に当社グループ以外の公開買付者グループ各社の取締役を務めていたこと，及び黒田勝已氏は公開買付者の従業員を兼務していること等に鑑み，取締役会における審議及び決議が本取引における構造的な利益相反の問題及び情報の非対称性の問題による影響を受けるおそれを排除する観点から，これらの5氏を除く10名の取締役（監査等委員であるものを含みます。）において審議の上，全員一致により上記の決議を行っております。

特別委員会は，中村・角田・松本法律事務所から，複数回，当社が公表又は提

> 出予定の本公開買付けに係る本プレスリリースのドラフトの内容について説明を受け，西村あさひ法律事務所から助言を受けつつ，充実した情報開示がなされる予定であることを確認しております。

〈開示例（ライクキッズ株式会社による令和2年6月9日付「支配株主であるライク株式会社による当社株式に対する公開買付けに関する賛同の意見表明及び応募推奨のお知らせ」26-27頁）〉

> 本特別委員会は，2020年4月28日より同年6月8日までの間に合計9回開催され，本諮問事項についての協議及び検討を行いました。

> その後の具体的な審議内容として，本特別委員会は，本取引に係る公開買付者の提案内容を踏まえ，当社から，当社の事業の状況，事業環境，経営課題，本取引の当社事業に対する影響等について当社から説明を受け，これらの点に関する質疑応答を行うとともに，当社が作成した本事業計画について，当社からその内容及び作成経緯について説明を受け，質疑応答を行い，プルータスから受けた助言も踏まえ，その合理性を確認しております。また，本特別委員会は，公開買付者と直接面談を行い，当社の事業の状況，事業環境，経営課題を含む本取引の背景・経緯，本取引によって創出が見込まれるシナジー効果の有無を含む本取引の意義・目的，本取引後の経営方針等についてインタビュー形式により質疑応答を実施しております。
> さらに，本特別委員会は，プルータスから，本事業計画を基礎として行った株式価値算定の内容，方法等について説明を受けるとともに，質疑応答を行いました。また，本特別委員会は，西村あさひ法律事務所から，本取引に関する意思決定の過程及び方法その他の留意点についての法的助言を受けて審議・検討を行っております。

④ 特別委員会によるアドバイザーの選任権限または対象会社のアドバイザーの承認もしくは指名・承認権限

後記第5章3(2)のとおり、通常、取締役会は、特別委員会の設置の決議とあわせて、特別委員会に対して(i)独自のアドバイザー選任権限、または(ii)対象会社のアドバイザーの承認もしくは指名・承認権限が与えられることを決議するところ、アドバイザーに関して、特別委員会にどのような権限を与えているか開示することが考えられる。

〈開示例（株式会社ATグループによる令和4年2月4日付「MBOの実施及び応募の推奨に関するお知らせ」21-22頁）〉

> 当社取締役会は、本特別委員会の設置に際し、……(c)本特別委員会が必要と認めるときは、当社の費用負担の下、独自の弁護士、算定機関、公認会計士その他のアドバイザーを選任することができること、並びに(d)本特別委員会は、当社の費用負担の下、本取引に係る調査（本取引に関係する当社の役員若しくは従業員又は本取引に係る当社のアドバイザーに対し、本諮問事項の検討に必要な事項について質問を行い、説明又は助言を求めることを含みます。）を行うことができること等を、併せて決議しております。

〈開示例（パイプドHD株式会社による令和3年9月30日付「MBOの実施及び応募の推奨に関するお知らせ」29頁）〉

> 本特別委員会に対しては、……本特別委員会が必要と認める場合には、当社取締役会が本取引のために選定した者とは異なるファイナンシャル・アドバイザーやリーガル・アドバイザーから助言を受ける権限を付与すること（この場合の合理的な費用は当社が負担すること）を決議しております。

〈開示例（総合メディカルホールディングス株式会社による令和4年2月5日付「MBOの実施及び応募の推奨に関するお知らせ」27頁)〉

> 本特別委員会が必要と認める場合には，当社取締役会が本取引のために選定した者とは異なる財務アドバイザーやリーガル・アドバイザーから助言を受ける権限を付与することを決議しております。

〈開示例（日本アセットマーケティング株式会社による令和3年12月27日付「支配株主である株式会社パン・パシフィック・インターナショナルホールディングスによる当社株式に対する公開買付けに関する賛同の意見表明及び応募推奨のお知らせ」23頁)〉

> 当社取締役会は，本特別委員会に対し，(i)自らの財務アドバイザー・第三者算定機関や法務アドバイザー（以下「アドバイザー等」といいます。）を選任し（特別委員会のアドバイザー等の専門的助言に係る合理的費用は当社の負担とします。），又は，当社のアドバイザー等を指名若しくは承認（事後承認を含みます。）する権限（なお，本特別委員会は，当社のアドバイザー等が高い専門性を有しており，独立性にも問題がない等，特別委員会として当社のアドバイザー等を信頼して専門的助言を求めることができると判断した場合には，当社のアドバイザー等に対して専門的助言を求めることができるものとします。)……を付与することを決議しております。

〈開示例（イソライト工業株式会社による令和3年12月23日付「支配株主である品川リフラクトリーズ株式会社による当社株式に対する公開買付けに関する賛同の意見表明及び応募推奨に関するお知らせ」15頁)〉

> 本特別委員会に対して，(a)本特別委員会の財務アドバイザー・第三者評価機関や法務アドバイザー（以下「アドバイザー等」といいます。）を選任し，又は当社のアドバイザー等を指名若しくは承認（事後承認を含みます。）する権限（なお，本特別委員会は，当社のアドバイザー等が高い専門性を有しており，独立

性にも問題がない等，本特別委員会として当社のアドバイザー等を信頼して専門的助言を求めることができると判断した場合には，当社のアドバイザー等に対して専門的助言を求めることができるものとしています。），……を付与することを決議しております。

〈開示例（株式会社NTTドコモによる令和２年９月29日付「当社親会社である日本電信電話株式会社による当社株式等に対する公開買付けに係る賛同の意見表明及び応募推奨に関するお知らせ」29頁）〉

特別委員会が必要と認めるときは，当社の費用負担の下，独自の弁護士，算定機関，公認会計士その他のアドバイザーを選任することができること，及び特別委員会は，当社の費用負担の下，その職務に関連する調査（本取引に関係する当社の役員若しくは従業員又は本取引に係る当社のアドバイザーに対し，その職務に必要な事項について質問を行い，説明又は助言を求めることを含む。）を行うことができること等を決議しております。

〈開示例（ライクキッズ株式会社による令和２年６月９日付「支配株主であるライク株式会社による当社株式に対する公開買付けに関する賛同の意見表明及び応募推奨のお知らせ」26頁）〉

当社取締役会は，本特別委員会に対し，(a)ファイナンシャル・アドバイザー，第三者評価機関やリーガル・アドバイザー（以下「アドバイザー等」といいます。）を選任し，又は，当社のアドバイザー等を指名若しくは承認（事後承認を含みます。）する権限（なお，本特別委員会は，当社のアドバイザー等が高い専門性を有しており，独立性にも問題がないなど，本特別委員会として当社のアドバイザー等を信頼して専門的助言を求めることができると判断した場合には，当社のアドバイザー等に対して専門的助言を求めることができるものとしています。）……を与えることを決定しております。

⑤　特別委員会によるアドバイザーの選任状況

　上記④のとおり，特別委員会に対して，独自のアドバイザー選任権限を与えている場合には，実際の特別委員会によるアドバイザー選任状況を開示することが一般的である。なお，後記第5章3(3)のとおり，アドバイザー選任権限が付与されている場合であっても，特別委員会独自のアドバイザーを選任しない事例も相当数存在している。

【独自のアドバイザーを選任している事例】
〈開示例（総合メディカルホールディングス株式会社による令和4年2月5日付「MBOの実施及び応募の推奨に関するお知らせ」27-28頁）〉

> 本特別委員会は，まず，当社から，本取引の検討に至るまでの経緯等を含む，本取引の概要について説明を受け，質疑応答を行いました。そして，西村あさひ法律事務所を含む複数の法務アドバイザー候補の独立性及び専門性を検討の上，当社のリーガル・アドバイザーである西村あさひ法律事務所の独立性並びに専門性に問題がないことを確認し，特別委員会独自のリーガル・アドバイザーとして選任することを決定いたしました。また，本特別委員会は，AGSの独立性及び専門性を検討の上，その独立性及び専門性に問題がないことを確認し，AGSを本特別委員会の第三者算定機関として選任することを決定し，AGSに対して，当社株式の株式価値の算定を依頼いたしました。その上で，本特別委員会は，西村あさひ法律事務所から，本諮問事項に関する説明を受け，本諮問事項に関する検討及び協議を開始いたしました。

〈開示例（日本アセットマーケティング株式会社による令和3年12月27日付「支配株主である株式会社パン・パシフィック・インターナショナルホールディングスによる当社株式に対する公開買付けに関する賛同の意見表明及び応募推奨のお知らせ」24頁）〉

> 本特別委員会は，まず，2021年11月10日開催の第1回特別委員会において，みずほ証券及び西村あさひ法律事務所について，その独立性及び専門性に問題が

ないことを確認の上，その選任を承認しました。また，本特別委員会は，公認会計士としての職務や本取引と類似の取引について過去にアドバイスをした経験等を通じて得た企業価値評価等に関する知見及びその知見に基づく財務的見地からのアドバイスの提供を目的として，郡司昌恭氏（郡司公認会計士事務所代表，公認会計士・税理士）を，公開買付者，エルエヌ及び当社から独立した独自のアドバイザーとして選任しました。なお，本取引に係る郡司昌恭氏に対する報酬は，答申内容にかかわらず支払われる時間単位の報酬のみであり，本公開買付けを含む本取引の成立等を条件に支払われる成功報酬は含まれておりません。

〈開示例（株式会社NTTドコモによる令和2年9月29日付「当社親会社である日本電信電話株式会社による当社株式等に対する公開買付けに係る賛同の意見表明及び応募推奨に関するお知らせ」29-30頁)〉

特別委員会は，まず，複数のリーガル・アドバイザー並びにファイナンシャル・アドバイザー及び第三者算定機関の候補者の独立性及び専門性・実績等を検討の上，2020年7月30日，公開買付者及び当社から独立した独自のリーガル・アドバイザーとして西村あさひ法律事務所を，同年8月5日，公開買付者及び当社から独立した独自のファイナンシャル・アドバイザー及び第三者算定機関としてプルータスを選任するとともに，当社及び公開買付者が属する通信業界に関する深い知見，当社の独立社外取締役としての職務を通じて得た知見，並びにこれらの知見に基づくアドバイスの提供を目的として，2020年7月28日，村上輝康氏（産業戦略研究所代表，元当社独立社外取締役）を独自のアドバイザーとして選任いたしました。特別委員会は，西村あさひ法律事務所，プルータス及び村上輝康氏が公開買付者及び当社の関連当事者には該当しないこと，及び本公開買付けを含む本取引に関して重要な利害関係を有していないこと，その他本取引における独立性に問題がないことを確認しております。
また，特別委員会は，当社のファイナンシャル・アドバイザー及び第三者算定機関である野村證券並びに当社のリーガル・アドバイザーである中村・角田・松本法律事務所について，その独立性及び専門性に問題がないことを確認の上，その選任を承認しております。

【独自のアドバイザーを選任していない事例】

〈開示例（株式会社ATグループによる令和4年2月4日付「MBOの実施及び応募の推奨に関するお知らせ」22頁）〉

> 本特別委員会は、まず、2021年11月11日、当社の第三者算定機関及びフィナンシャル・アドバイザーであるKPMG並びに当社のリーガル・アドバイザーである西村あさひ法律事務所について、その独立性及び専門性に問題がないことを確認しております。また、本特別委員会は、必要に応じ当社のアドバイザー等から専門的助言を得ることとし、本特別委員会として独自にアドバイザー等を選任しないことを確認しております。

〈開示例（パイプドHD株式会社による令和3年9月30日付「MBOの実施及び応募の推奨に関するお知らせ」29-30頁）〉

> 本特別委員会は、当社のファイナンシャル・アドバイザー及び第三者算定機関である野村證券並びに当社のリーガル・アドバイザーである西村あさひ法律事務所について、それぞれの独立性の程度、専門性及び実績等を確認した上でこれらの選任を承認しております。また、本特別委員会は、第1回の本特別委員会において、当社及び公開買付者らから独立したファイナンシャル・アバイザーとして野村證券を、当社及び公開買付者らから独立したリーガル・アドバイザーとして西村あさひ法律事務所を、本特別委員会のアドバイザーとして選任することを決議しております。

〈開示例（イソライト工業株式会社による令和3年12月23日付「支配株主である品川リフラクトリーズ株式会社による当社株式に対する公開買付けに関する賛同の意見表明及び応募推奨に関するお知らせ」27頁）〉

> 2021年10月6日開催の初回の本特別委員会において、大和証券及び西村あさひ法律事務所について、専門性及び独立性に問題がないことを確認し、それぞれ当社取締役会の財務アドバイザー（兼第三者評価機関）及び法務アドバイザーとして全委員異議無く承認するとともに、本特別委員会の財務アドバイザー（兼

> 第三者評価機関）及び法務アドバイザーともすることを全委員異議無く承認しております。

〈開示例（ライクキッズ株式会社による令和2年6月9日付「支配株主であるライク株式会社による当社株式に対する公開買付けに関する賛同の意見表明及び応募推奨のお知らせ」27頁）〉

> まず初回の本特別委員会において，プルータス及び西村あさひ法律事務所につき，当社及び公開買付者の関連当事者には該当せず，本取引に関して，重要な利害関係を有していないこと等から，それぞれを当社のファイナンシャル・アドバイザー及びリーガル・アドバイザーとして承認し，本特別委員会としても必要に応じて専門的助言を受けることができることを確認するとともに，当社における本取引の検討体制についても，当社グループを除く公開買付者グループ及び本取引からの独立性の観点から問題がないことを確認の上，承認しております。

⑥ 特別委員会による取引条件交渉過程への関与

　特別委員会による取引条件交渉過程への関与について，後記第4章3のとおり，取締役会は，特別委員会の設置の決議とあわせて，特別委員会の交渉への関与についての権限を付与する決議をすることが一般的であるところ，どのような権限が付与されているか，ならびに実際に特別委員会がどのように取引条件交渉過程に関与したか，および当該関与の結果について開示することが考えられる。

【特別委員会に直接交渉する権限が与えられ，実際に直接交渉している事例】

〈開示例（ライクキッズ株式会社による令和2年6月9日付「支配株主であるライク株式会社による当社株式に対する公開買付けに関する賛同の意見表明及び応募推奨のお知らせ」26，27頁）〉

> 当社取締役会は，本特別委員会に対し，……(c)必要に応じて，本取引の取引条件等の交渉を行う権限（なお，本特別委員会が，本取引の取引条件等の交渉を直接行わない場合であっても，本特別委員会は，必要に応じて，例えば，交渉について事前に方針を確認し，適時にその状況の報告を受け，重要な局面で意見を述べ，指示や要請を行うことなどにより，本取引の取引条件等の交渉過程に実質的に関与する状況を確保するよう努めるものとし，当社は当該状況が確保されるよう協力するものとしています。）を与えることを決定しております。

> 本特別委員会は，当社が，2020年5月18日に公開買付者から本公開買付価格を1株当たり860円とする提案を受領して以降，当社が公開買付者から価格提案を受領する都度，特別委員会を開催し，公開買付者との交渉方針について，プルータスから受けた当社の株式価値の算定結果や公開買付者との交渉方針等を含めた財務的な助言及び西村あさひ法律事務所からの法的助言も踏まえて審議・検討し，交渉方針を決定した上で，公開買付者と直接書面のやり取りを行うこと等により，公開買付者との間で本公開買付価格に関する協議・交渉を行い，その結果，公開買付者から，同年6月4日に公開買付価格を1株当たり1,005円とする最終的な提案を受けるに至りました。

【特別委員会に直接交渉する権限が与えられているものの対象会社を通じて関与している事例】

〈開示例（日本アセットマーケティング株式会社による令和3年12月27日付「支配株主である株式会社パン・パシフィック・インターナショナルホールディングスによる当社株式に対する公開買付けに関する賛同の意見表明及び応募推奨のお知らせ」23, 24頁)〉

> 当社取締役会は，本特別委員会に対し，……(ⅲ)必要に応じて，本取引の取引条件等の交渉を行う権限（なお，特別委員会が，本取引の取引条件等の交渉を直接行わない場合であっても，必要に応じて，例えば，交渉について事前に方針を確認し，適時にその状況の報告を受け，重要な局面で意見を述べ，指示や要請を行うこと等により，本取引の取引条件等の交渉過程に実質的に関与する状況を確保するよう努めるものとし，当社は当該状況が確保されるよう協力します。）を付与することを決議しております。

> 公開買付者と当社との間における本取引に係る協議・交渉について，当社からその経緯及び内容等につき適時に報告を受けた上で，本特別委員会において協議し，当社をして，本特別委員会が承認した交渉方針に従って交渉を行わせる等して，公開買付者との交渉過程に関与しました。

〈開示例（イソライト工業株式会社による令和3年12月23日付「支配株主である品川リフラクトリーズ株式会社による当社株式に対する公開買付けに関する賛同の意見表明及び応募推奨に関するお知らせ」15, 27頁)〉

> 本特別委員会に対して，……(c)必要に応じて，本取引の取引条件等の交渉を行う権限（なお，本特別委員会が，本取引の取引条件等の交渉を直接行わない場合であっても，必要に応じて，例えば，交渉について事前に方針を確認し，適時にその状況の報告を受け，重要な局面で意見を述べ，指示や要請を行うこと等により，本取引の取引条件等の交渉過程に実質的に関与する状況を確保するよう努めるものとし，当社は，当該状況が確保されるよう協力するものとしています。）を付与することを決議しております。

> 本特別委員会は，当社から，公開買付者と当社との間における本取引に係る協議及び交渉の経緯及び内容等につき適時に報告を受けた上で，本特別委員会を開催して交渉の方針等を協議し，公開買付者より，本公開買付価格を1,200円とすることを含む最終提案を受けるに至るまで，当社に対して交渉の方針等について都度意見を述べるとともに，公開買付者に対しても当社と連名で価格の引き上げを直接要求する等して，公開買付者との間の本公開買付価格を含む本取引の条件に関する交渉過程に実質的に関与しております。

〈開示例（株式会社ATグループによる令和4年2月4日付「MBOの実施及び応募の推奨に関するお知らせ」21-22頁）〉

> 当社は，上記取締役会決議に基づき，本特別委員会に対し，……(b)当社が公開買付者と本取引の取引条件について協議・交渉するにあたり，事前にその方針を本特別委員会に報告した上で，適時にその状況を本特別委員会に報告し，重要な局面でその意見，指示及び要請を受けるものとするとともに，当社に対し，(i)特別委員会としての提案その他の意見又は質問を公開買付者に伝達すること，(ii)本特別委員会自ら，公開買付者と協議・交渉する機会の設定を要望することができること……を，併せて決議しております。

> 公開買付者と当社との間における本取引に係る協議・交渉について，当社からその経緯及び内容等につき適時に報告を受けた上で，本特別委員会において協議し，当社をして，本特別委員会が承認した本公開買付価格の公開買付者における再検討の要請等に関する交渉方針に従って交渉を行わせるなどして，公開買付者との交渉過程に関与しております。

3 開示規制

【対象会社を通じて関与する権限のみが与えられている事例】
〈開示例(パイプドHD株式会社による令和3年9月30日付「MBOの実施及び応募の推奨に関するお知らせ」29頁)〉

> 本特別委員会に対しては,……取引条件の公正性が確保されるよう,本取引の取引条件の交渉に際して,事前に方針を確認し,適時に報告を受け,必要に応じて意見を述べたり,要請等を行う等により当社が公開買付者との間で行う本取引の取引条件に関する交渉過程に実質的に関与する権限……を付与すること(この場合の合理的な費用は当社が負担すること)を決議しております。

> 本特別委員会は,当社及び野村證券から,公開買付者らと当社との間における本取引に係る協議・交渉の経緯及び内容等につき適時に報告を受けた上で,本特別委員会において協議し,本公開買付価格につき,上記「(2)意見の根拠及び理由」の「③当社が本公開買付けに賛同するに至った意思決定の過程及び理由」に記載のとおり交渉が行われ,公開買付者らとの間で本公開買付価格として2,800円,本新株予約権買付価格として本公開買付価格である2,800円と本新株予約権の当社株式1株当たりの行使価額との差額に本新株予約権の目的となる当社株式数を乗じた金額(具体的には,本新株予約権の当社株式1株当たりの行使価額1,049円との差額である1,751円に100を乗じた金額である175,100円),本自社株公開買付価格として2,611円という最終的な合意に至るまで,公開買付者らに対して本公開買付価格及び本新株予約権買付価格の増額を要請すべき旨を当社に意見する等して,公開買付者らとの交渉過程に関与いたしました。さらに,西村あさひ法律事務所から本取引において利益相反を軽減又は防止するために取られている措置及び本取引に関する説明を受け,それぞれ,質疑応答を行うとともに,当社及び野村證券からは本取引の諸条件の交渉経緯及び決定過程等に関する説明を受け,質疑応答を行いました。

〈開示例（総合メディカルホールディングス株式会社による令和4年2月5日付「MBOの実施及び応募の推奨に関するお知らせ」27,28頁）〉

> 本特別委員会に対し，……当社の企業価値を高めつつ少数株主にとってできる限り有利な条件で本公開買付けが行われるよう，本公開買付けの取引条件の交渉に際して，事前に方針を確認し，適時に報告を受け，必要に応じて意見を述べたり，要請等を行う権限……を付与することを決議しております。

> 2020年1月14日に当社が公開買付者から本公開買付価格を2,400円とする旨の提案を受領して以降，本特別委員会は，当社と公開買付者との間における本取引に係る協議・交渉の経緯及び内容等についての報告を随時受け，その対応方針等を協議してまいりました。そして，2020年1月28日に公開買付者から本公開買付価格を2,500円とする旨の提案を受領し，AGSから受けた近時のMBO事例におけるプレミアムに関する分析を含む財務的見地からの助言も踏まえて，その内容を審議・検討した上で，公開買付者に対して，本公開買付価格の引き上げを要請するなど，本特別委員会は，公開買付者との交渉過程に関与し，その結果，当社は，2020年2月3日，公開買付者より，本公開買付価格を2,550円とする提案を受けるに至っております。

〈開示例（株式会社NTTドコモによる令和2年9月29日付「当社親会社である日本電信電話株式会社による当社株式等に対する公開買付けに係る賛同の意見表明及び応募推奨に関するお知らせ」29,31頁）〉

> 当社取締役会は，特別委員会の設置にあたり，……当社が公開買付者と本取引の取引条件等について交渉するにあたり，本特別委員会に適時にその状況を報告し，重要な局面でその意見，指示及び要請を受けることを決議……。

> 特別委員会は，当社の公開買付者との交渉について，随時，当社及び野村證券から報告を受け，プルータスから受けた財務的見地からの助言，西村あさひ法律事務所から受けた法的見地からの助言及び村上輝康氏から受けた助言も踏まえて審議・検討を行い，当社の交渉方針につき，適宜，必要な意見を述べました。具体的には，特別委員会は，当社より，2020年8月11日に公開買付者から本公

開買付価格を1株当たり3,400円とすることを含む最初の提案を受領した旨の報告を受けて以降，8月25日に本公開買付価格を1株当たり3,600円とする旨の提案を，9月9日に本公開買付価格を1株当たり3,750円とする旨の提案を，9月17日には本公開買付価格を1株当たり3,800円とする旨の提案を受領した旨，それぞれ報告を受け，野村證券から対応方針及び公開買付者との交渉方針等についての意見を聴取した上で，プルータスから受けた財務的見地からの助言，西村あさひ法律事務所から受けた法的見地からの助言及び村上輝康氏から受けた助言並びに中村・角田・松本法律事務所から聴取した意見を踏まえて検討を行いました。その上で，特別委員会は当社に対し，これらのいずれに際しても，公開買付者に対し本公開買付価格の再検討を要請することとしたいとの当社の意向について異議がない旨の意見を述べるとともに，当社としての本取引の意義・目的を達するために公開買付者との間で協議すべき事項について意見を述べる等，当社と公開買付者との間の本公開買付価格を含む本取引の条件に関する協議・交渉過程の全般において関与いたしました。その結果，当社は，同年9月25日，公開買付者から，本公開買付価格を1株当たり3,900円とすることを含む提案を受け，結果として，計4回，最初の価格提案から14.71％（小数点以下第三位を四捨五入しております。）の価格の引き上げを受けるに至っております。

⑦ 特別委員会の設置時期

　特別委員会の設置時期について，日付を特定して開示することが考えられる。なお，特別委員会の設置とあわせて委員の人選についても決議されるとともに，特別委員会に対する諮問事項および特別委員会に付与する権限についても決議されることが一般的である。

〈開示例（株式会社ATグループによる令和4年2月4日付「MBOの実施及び応募の推奨に関するお知らせ」21頁）〉

当社は，本公開買付けを含む本取引に係る当社の意思決定に慎重を期し，当社取締役会の意思決定過程における恣意性及び利益相反のおそれを排除し，その

公正性を担保することを目的として，2021年11月11日付の当社取締役会決議に基づき，公開買付関連当事者から独立した委員によって構成される本特別委員会を設置いたしました。

〈開示例（パイプドHD株式会社による令和3年9月30日付「MBOの実施及び応募の推奨に関するお知らせ」28-29頁）〉

当社は，本両公開買付けがいわゆるマネジメント・バイアウト（MBO）の一環として行われるものであり，当社における本取引の検討において構造的な利益相反状態が生じ得ること等に鑑み，2021年7月15日開催の取締役会において，本取引に係る当社の意思決定に慎重を期し，当社取締役会の意思決定の恣意性及び利益相反のおそれを排除し，その公正性を担保するとともに，本取引が当社の少数株主にとって不利益なものでないかについての意見を取得することを目的として，当社及び公開買付者らから独立し，高度の識見を有すると考えている鶴本浩司氏（当社社外取締役），大村健氏（当社社外監査役，弁護士）及び渡邉宣昭氏（当社社外監査役，公認会計士）の3名によって構成される本特別委員会（なお，本特別委員会の委員は，設置当初から変更しておらず，また，委員の互選により，本特別委員会の委員長として鶴本浩司氏を選定しております。）を設置することを決議いたしました。

〈開示例（総合メディカルホールディングス株式会社による令和4年2月5日付「MBOの実施及び応募の推奨に関するお知らせ」26-27頁）〉

当社は，本公開買付けがいわゆるマネジメント・バイアウト（MBO）の一環として行われるものであり，当社における本取引の検討において構造的な利益相反状態が生じ得ること等に鑑み，2019年12月26日開催の当社取締役会において，本取引に係る当社の意思決定に慎重を期し，当社取締役会の意思決定における恣意性及び利益相反のおそれを排除し，その公正性を担保するとともに，当社取締役会において本取引を行う旨の決定をすることが当社の少数株主にとって

不利益なものであるかどうかについての意見を取得することを目的として，当社及び公開買付者から独立した三ツ角直正氏（当社社外監査役，三ツ角法律事務所所長），権藤説子氏（当社社外監査役，権藤説子税理士事務所所長）及び長伸幸氏（長公認会計士事務所所長）の3名によって構成される本特別委員会（なお，本特別委員会の委員は，設置当初から変更しておらず，また，委員の互選により，本特別委員会の委員長として三ツ角直正氏を選定しております。）を設置することを決議いたしました。

〈開示例（日本アセットマーケティング株式会社による令和3年12月27日付「支配株主である株式会社パン・パシフィック・インターナショナルホールディングスによる当社株式に対する公開買付けに関する賛同の意見表明及び応募推奨のお知らせ」23頁）〉

当社は，本取引に係る当社の意思決定に慎重を期し，また，当社の取締役会の意思決定過程における恣意性及び利益相反のおそれを排除し，その公正性を担保するとともに，当社の取締役会において本取引（本公開買付けに係る当社の意見表明を含む。）の是非を検討するに際して，企業価値の向上及び一般株主の利益を図る立場から，その是非や取引条件の妥当性，手続の公正性等について検討及び判断を行う任意の合議体として，2021年11月9日，当社の社外取締役である宮田勝弘氏（監査等委員，不動産鑑定士）及び小林明夫氏（監査等委員，税理士）並びに外部の有識者である笠野さち子氏（弁護士，潮見坂綜合法律事務所）の3名によって構成される本特別委員会を設置し……。

〈開示例（イソライト工業株式会社による令和3年12月23日付「支配株主である品川リフラクトリーズ株式会社による当社株式に対する公開買付けに関する賛同の意見表明及び応募推奨に関するお知らせ」26-27頁）〉

当社は，当社取締役会において本取引の是非を審議及び決議するに先立って，公開買付者が当社の連結子会社であり，本取引が構造的な利益相反の問題及び情報の非対称性の問題が類型的に存する取引に該当することに鑑み，これらの

問題に対応し、本取引の公正性を担保するため、当社のリーガル・アドバイザーである西村あさひ法律事務所の助言を踏まえ、公開買付者から独立した立場で、当社グループの企業価値の向上及び当社の少数株主の皆様の利益の確保の観点から本取引に係る検討、交渉及び判断を行うことを目的として、2021年10月6日、白江伸宏氏（当社社外取締役（監査等委員））、石川明彦氏（当社社外取締役（監査等委員））及び岩谷博紀氏（岩谷・村本・山口法律事務所 弁護士）の3名から構成される本特別委員会を設置いたしました。

〈開示例（株式会社NTTドコモによる令和2年9月29日付「当社親会社である日本電信電話株式会社による当社株式等に対する公開買付けに係る賛同の意見表明及び応募推奨に関するお知らせ」28-29頁）〉

当社は、2020年7月13日に開催された取締役会における決議により、特別委員会を設置いたしましたが、かかる特別委員会の設置に先立ち、当社は、6月中旬から、公開買付者から独立した立場で、当社の企業価値の向上及び当社の一般株主の皆さまの利益の確保の観点から本取引に係る検討、交渉及び判断を行うための体制を構築するため、中村・角田・松本法律事務所の助言も得つつ、その時点の当社の独立社外取締役の全員に対して、公開買付者から本初期的申入れを受けた旨、並びに本取引が構造的な利益相反の問題及び情報の非対称性の問題が類型的に存する取引に該当するため、本取引に係る検討・交渉等を行うにあたっては、特別委員会の設置をはじめとする本取引に係る取引条件の公正性を担保するための措置を十分に講じる必要がある旨等を個別に説明いたしました。

〈開示例（ライクキッズ株式会社による令和2年6月9日付「支配株主であるライク株式会社による当社株式に対する公開買付けに関する賛同の意見表明及び応募推奨のお知らせ」26頁）〉

当社取締役会は、公開買付者が当社の支配株主（親会社）であることを踏まえ、当社において本取引の是非を検討するに際して、企業価値の向上及び一般株主

の利益を図る立場から，その是非や取引条件の妥当性，手続の公正性などについて検討及び判断を行う任意の合議体として，2020年4月23日，当社社外取締役（監査等委員）である高谷康久氏及び鈴木康之氏（弁護士），並びに外部の有識者である寺田芳彦氏（公認会計士・税理士，トラスティーズ・コンサルティングLLP）及び熊澤誠氏（弁護士，新幸総合法律事務所）の4名から構成される本特別委員会を設置……。

⑧ 特別委員会による事業計画の確認状況

株式価値算定の前提となる事業計画について，特別委員会における検討経緯および検討結果を開示することが考えられる。なお，事業計画については，その合理性を確認したとの結論のみを記載するにとどまった事例から，事業計画が合理的といえる理由を具体的に記載した事例まで，開示の充実度には大きな開きがあり，また，算定の合理性に係る特別委員会の検討内容についても，事例によって記載の粒度に差が見られた。

【簡潔に記載している例】
〈開示例（株式会社ATグループによる令和4年2月4日付「MBOの実施及び応募の推奨に関するお知らせ」22，25頁）〉

当社から，当社の事業の内容，外部環境，現在の経営課題，KPMGによる株式価値算定の前提とした事業計画の内容，公開買付者が本取引を検討するに至った経緯，公開買付者の提案内容等に関する事項等に関する説明を受け，かかる当社の事業の内容，外部環境，現在の経営課題の前提等，事業計画の前提・策定の経緯等，公開買付者の当社の経営課題に対する認識等についての質疑応答を行い，その合理性を検証しております。

本特別委員会は，株式価値算定の基礎となった当社の事業計画の前提や実現可能性について，当社及びKPMGに対して複数回にわたりヒアリングを実施し，検証を行ったところ，当該事業計画の作成経緯及び当社の事業環境に照らし，当該事業計画の内容に不合理な点は認められないと評価可能であると判断した。

〈開示例(イソライト工業株式会社による令和3年12月23日付「支配株主である品川リファクトリーズ株式会社による当社株式に対する公開買付けに関する賛同の意見表明及び応募推奨に関するお知らせ」16頁)〉

> 本特別委員会は,当社が作成した2022年3月期から2024年3月期までの事業計画の内容,重要な前提条件及び作成経緯等の合理性を確認し,その承認を行っております。

〈開示例(ライクキッズ株式会社による令和2年6月9日付「支配株主であるライク株式会社による当社株式に対する公開買付けに関する賛同の意見表明及び応募推奨のお知らせ」27頁)〉

> 当社が作成した本事業計画について,当社からその内容及び作成経緯について説明を受け,質疑応答を行い,プルータスから受けた助言も踏まえ,その合理性を確認しております。

【詳細に記載している例】
〈開示例(日本アセットマーケティング株式会社による令和3年12月27日付「支配株主である株式会社パン・パシフィック・インターナショナルホールディングスによる当社株式に対する公開買付けに関する賛同の意見表明及び応募推奨のお知らせ」23,28頁)〉

> 本特別委員会は,当社が本取引のために事業計画を作成するにあたり,事前に,当社から作成方針について説明を受け,その作成過程においても,郡司昌恭氏による助言を受けながら,当社から事業計画案の内容,重要な前提条件,作成経緯等について説明を受け,質疑応答を行い,その合理性を検証した上で,最終的な事業計画の内容の合理性を確認し,承認しました
> 当社が作成した事業計画は,公開買付者グループの役職員を兼務する当社の代表取締役である白濱満明氏及び取締役管理本部部長である和知学氏が中心と

なって作成したものであるところ，事業計画作成に当たり両名が関与せざるを得なかったのは，当社の事業の定量面での検討に精通しているのは両名であり，両名の関与なくして当社の事業計画を作成することはできなかったためとのことである。適切な事業計画を作成できないことにより，DCF法の採用を断念することは，かえって少数株主に不利益をもたらす可能性が高いことや，両名については，その役割を可能な限り限定し，公開買付者との交渉等には関与させておらず，また当該事業計画については，以下のとおり本特別委員会でもその内容の合理性を検証することができたから，当該事業計画の作成に両名が関与していることをもって，当該事業計画が合理的でないと判断する必要はない。

次に，当該事業計画における売上高の推移を確認するに，対象期間中に定期賃貸借契約期間が満了する物件について，総体として現在と同一の条件で新契約が締結されることを前提としているところ，有店舗小売事業の厳しい環境，物件の老朽化による賃料競争力の低下の可能性，過去の例からも公開買付者グループより好条件の借り手が現れる可能性が低いことを踏まえれば，上記前提は何ら不合理とは言えない。また，当該事業計画においては，新型コロナウイルス感染症の影響を受けた賃料減額が元に戻るタイミングについて，賃料減額対象店舗をインバウンド店舗（免税売上の比率の高い店舗）とそれ以外の店舗に分けて最大限ポジティブに想定しているとのことであるが，かかる想定は，新型コロナウイルス感染症の影響について先行きが見通せないと言わざるを得ないこと，特に国内需要に比べ，インバウンド需要の回復がより遅れる見通しであることからすると，不合理とは言えない。さらに，当該事業計画で想定されている設備投資の推移にも不合理な点は見当たらず，売上原価，販管費その他についても，特段不合理な点は認められなかった。

⑨ 委員の報酬体系

特別委員会の委員の報酬について，その報酬体系を開示することが考えられる（なお，特別委員会の委員の報酬の設定方法については第5章4を参照）。

〈開示例（株式会社ATグループによる令和4年2月4日付「MBOの実施及び応募の推奨に関するお知らせ」21頁）〉

> 本特別委員会の各委員に対しては，その職務の対価として，答申内容にかかわらず固定額の報酬を支払うものとされ，当該報酬には，本取引の成立を条件とする成功報酬は含まれておりません。

〈開示例（パイプドHD株式会社による令和3年9月30日付「MBOの実施及び応募の推奨に関するお知らせ」29頁）〉

> 本特別委員会の各委員に対しては，その職務の対価として，答申内容にかかわらず，固定額の報酬を支払うものとしております。

〈開示例（総合メディカルホールディングス株式会社による令和4年2月5日付「MBOの実施及び応募の推奨に関するお知らせ」27頁）〉

> 特別委員会の各委員に対しては，その職務の対価として，答申内容にかかわらず，固定額の報酬を支払うものとされております。

〈開示例（日本アセットマーケティング株式会社による令和3年12月27日付「支配株主である株式会社パン・パシフィック・インターナショナルホールディングスによる当社株式に対する公開買付けに関する賛同の意見表明及び応募推奨のお知らせ」23頁）〉

> 本特別委員会の委員の報酬は，答申内容にかかわらず支払われる固定報酬又は時間単位の報酬のみであり，本公開買付けを含む本取引の成立等を条件に支払われる成功報酬は含まれておりません。

〈開示例（イソライト工業株式会社による令和3年12月23日付「支配株主である品川リフラクトリーズ株式会社による当社株式に対する公開買付けに関する賛同の意見表明及び応募推奨に関するお知らせ」27頁）〉

> 本特別委員会の委員は設置当初から変更しておりません。また，本特別委員会の委員の報酬は，答申内容にかかわらず支給される固定金額のみとしており，本取引の成立等を条件とする成功報酬は採用しておりません。

〈開示例（株式会社NTTドコモによる令和2年9月29日付「当社親会社である日本電信電話株式会社による当社株式等に対する公開買付けに係る賛同の意見表明及び応募推奨に関するお知らせ」29頁）〉

> 特別委員会の各委員に対しては，その職務の対価として，答申内容にかかわらず，固定額の報酬を支払うものとされております。

〈開示例（ライクキッズ株式会社による令和2年6月9日付「支配株主であるライク株式会社による当社株式に対する公開買付けに関する賛同の意見表明及び応募推奨のお知らせ」26頁）〉

> 本特別委員会の委員の報酬は，答申内容にかかわらず支給される固定金額又は時間単位の報酬のみとしており，本取引の成立等を条件とする成功報酬は採用しておりません。

⑩ 特別委員会が独自に選任した財務アドバイザーまたは算定機関からのフェアネス・オピニオン[6]の取得の有無

特別委員会が独自に財務アドバイザーや算定機関を選任している場合には，

---

[6] フェアネス・オピニオンとは，一般に，専門性を有する独立した第三者評価機関がM&A等の当事会社に対し，合意された取引条件の当事会社やその一般株主にとっての公

当該財務アドバイザーまたは算定機関から取得した株式価値算定結果およびフェアネス・オピニオンの取得の有無について開示することが考えられる。

〈開示例（総合メディカルホールディングス株式会社による令和4年2月5日付「MBOの実施及び応募の推奨に関するお知らせ」28，29頁）〉

> 本特別委員会は，AGSに対して，当社株式の株式価値の算定を依頼しておりますが，本特別委員会は，AGSが実施した当社株式の価値算定に係る算定方法，前提条件，各算定方法による算定の内容等について説明を受けております。

> 本特別委員会は，当社及びAGSから，当社株式の価値の算定にあたって用いられた財務予測には本資本業務提携の解消等による影響が織り込まれているが，当該影響は軽微であり，本公開買付価格が当社の算定した株式価値の範囲から見て相当であること及び本資本業務提携の解消等に関する取引条件の交渉は，当社により独立したアドバイザーを選任した上で公開買付者及び応募予定株主から独立していると認められる三木田氏を中心としたプロジェクトチームにより行われており，独立当事者間の交渉であることについて疑義を生じさせる事情は認められないことから，本公開買付価格についての公開買付者の交渉に不当な影響を生じさせていないものと判断しております。

〈開示例（株式会社NTTドコモによる令和2年9月29日付「当社親会社である日本電信電話株式会社による当社株式等に対する公開買付けに係る賛同の意見表明及び応募推奨に関するお知らせ」21，30-31頁）〉

> 特別委員会は，本諮問事項について検討するにあたり，本公開買付価格を含む本取引に係る取引条件の公正性を担保するために，公開買付者及び当社から独立した独自のファイナンシャル・アドバイザー及び第三者算定機関であるプルータスに対し，当社普通株式の価値算定及び付随する財務分析，並びに本公開買

正性について，財務的見地から意見を表明するものをいい，その取得の要否については，対象会社の取締役会や特別委員会において，個別のM&Aにおける具体的状況を踏まえて判断することが適当と考えられる（公正M&A指針3.3.2.2）。

付価格の公正性に関する意見（フェアネス・オピニオン）の表明を依頼し，2020年9月29日付で，本株式価値算定書（プルータス）及び本フェアネス・オピニオン（プルータス）を取得いたしました。

上記「(3)算定に関する事項」の「①当社における独立した第三者算定機関からの株式価値算定書及びフェアネス・オピニオンの取得」及び「②特別委員会における独立した第三者算定機関からの株式価値算定書及びフェアネス・オピニオンの取得」に記載のとおり，プルータス及び野村證券は，事業見通しを前提として当社普通株式の価値算定を実施しておりますが，特別委員会は，プルータス及び野村證券から，それぞれが実施した当社普通株式の価値算定に係る算定方法，当該算定方法を採用した理由，各算定方法による算定の内容及び重要な前提条件について説明を受けるとともに，質疑応答及び審議・検討を行った上で，これらの事項について合理性を確認しております。上記「(3)算定に関する事項」の「①当社における独立した第三者算定機関からの株式価値算定書及びフェアネス・オピニオンの取得」及び「②特別委員会における独立した第三者算定機関からの株式価値算定書及びフェアネス・オピニオンの取得」に記載のとおり，特別委員会は，2020年9月29日付で，プルータスから本フェアネス・オピニオン（プルータス）の提出を受け，また，野村證券からは野村證券が当社に提出した本フェアネス・オピニオン（野村證券）の提出を受けておりますが，その際，プルータス及び野村證券から，それぞれ本フェアネス・オピニオン（プルータス）及び本フェアネス・オピニオン（野村證券）の内容及び重要な前提条件について説明を受け，これを確認しております。

4　会社法による規制

(1)　業務執行の社外取締役への委託

後記第6章のとおり，対象会社の社外取締役が特別委員会の委員に就任する

ことは，実務上一般的に行われており，また，特別委員会に対しては，①取引の目的の合理性，取引条件の妥当性，取引に係る手続の公正性，取引を行うことが少数株主にとって不利益ではないか，公開買付けに対して対象会社取締役会が賛同意見を表明すること，および株主に対して公開買付けへの応募を推奨することの是非といった諮問事項に対する答申書の提出が求められている。会社法上，取締役が「当該株式会社の業務を執行した」場合には，社外取締役の要件を満たさないこととなるところ（会社法2条15号イ），仮に，社外取締役が特別委員会の委員として，対象会社の経営陣から独立した立場で当該M&Aの交渉等の対外的行為を行ったことが，「業務を執行した」に該当するとすれば，このような行為をした取締役は社外取締役の要件に該当しないこととなり，相当でない。そこで，令和元年の改正によって，会社法は，株式会社と取締役または執行役との利益が相反する状況にあるとき，その他取締役または執行役が当該株式会社の業務を執行することにより株主の利益を損なうおそれがあるときは，当該株式会社は，その都度，取締役会の決議によって，当該株式会社の業務を執行することを社外取締役に委託することができるとするとともに，これにより委託された業務の執行をしたときであっても，社外取締役の要件を満たさないこととならないとしている（会社法348条の2）。なお，当該規定に基づき，業務執行を社外取締役に委託するためには，その都度，取締役会の決議によって，委託することが必要となるが，その趣旨は，社外取締役が誰からも監督を受けずに継続的に業務を執行することがないようにすることにあると説明されている。したがって，取締役会による実効的な監督を損なわない程度の決議がされていれば足り，ある程度の幅を持った委託をすることはでき，特別委員会の委員として職務を行うことを委託する際には，委員に与えられる権限を明確にした上で，委員としての活動を包括的に1回の取締役会決議で委託することは許容されるものと解されている。

　なお，特別委員会の権限については，後記第5章のとおり，特別委員会に直接の交渉権限が付与されている場合もあれば，実質的に交渉に関与する権限を付与されるにとどまっている場合もあるものの，実際の事例においては，かか

る特別委員会の交渉権限の形式的な差異にかかわらず，実質的な交渉が行われている事例も，対象会社への意見表明等を通じた間接的な交渉への関与にとどめる事例も存在するように見受けられる。この点，特に間接的な交渉への関与にとどめる場合には「業務の執行」に該当しないとして，会社法348条の2に基づく委託まではしないという判断をすることもありうる一方で，本条はセーフハーバー・ルールとされており，本来は「業務の執行」に該当しない行為を同条に基づき委託したとしても，法的には問題ないものとして整理されていることから，仮に判断に迷うものがあれば，同条に定める手続をしておくことも合理的かつ無難な対応であるとの考え方もある[7]。特別委員会の設置および委員の選定に際して取締役会決議を経ることが一般的であるため，判断に迷うようであれば，慎重を期して，同決議とあわせて，委員としての活動を包括的に委託する取締役会決議を取っておくことが考えられる。

取締役会においては，特別委員会の設置および人選（なお，委員長については委員の互選とされる事例が多い），特別委員会の役割および権限，特別委員会における決議方法などが決議されるところ，議事録における議案のサンプルは以下のとおりである。役割や権限事項を含め，あくまでも一例であり，実際の案件にあわせて修正が必要な点にご留意いただきたい。

> 決議事項．特別委員会の設置及び社外取締役に対する特別委員会の委員としての業務の委託の件
>
> 　議長は，株式会社○○（以下「○○」という。）から，20XX年X月X日付で，当社の普通株式（以下「当社株式」という。）に対する公開買付け（以下「本公開買付け」という。）及びその成立後の株式併合，株式売渡請求その他の方法によるスクイーズ・アウト手続等を行うことにより，○○が当社株式の全部（ただし，当社が所有する自己株式を除く。）を取得し，当社を○○の完全子会社とすること（以下「本取引」という。）の実施の提案に係る意向表明書を受領した

---

[7] 渡辺邦広＝邉英基「令和元年改正会社法の実務対応(5)社外取締役の活用に関する実務上の留意点」旬刊商事法務2234号30頁

旨を報告した。
　続いて，議長は，本取引がいわゆるマネジメント・バイアウトに該当することを踏まえ，当社の取締役会において本取引の是非を検討するに際して，当社の意思決定過程の恣意性を排除し，その公正性，透明性及び客観性を担保することを目的として，下記のとおり，当社の社外取締役であり独立役員でもある□□氏，△△氏及び▽▽氏を委員として，当社及び○○並びに本取引の成否から独立性を有する特別委員会を設置したい旨，当社の社外取締役である□□氏，△△氏及び▽▽氏に対して，会社法第348条の2第1項の規定に基づき，下記の役割及び権限の範囲内で，特別委員会の委員としての業務を委託したい旨，また，特別委員会に対して諮問事項に対する意見（答申）の提出を委嘱したい旨を説明した。

　議長がこれを議場に諮ったところ，出席取締役は全員異議なくこれを承認した。
　なお，当社の代表取締役社長である××は，［公開買付者の代表取締役を兼任しており，］本公開買付け後も継続して対象者の経営にあたることを予定していることから，本取引に関して当社との間で利益相反関係が存在し，特別利害関係取締役に該当するため，本議案の審議及び決議には参加していない。

記

(1) 役割
　　当社取締役会が本取引を検討するに際して適宜諮問する事項について答申を行う。
　　なお，特別委員会の設置に際し，以下の事項を諮問事項として定める（当該諮問事項の範囲内において細目を定める必要が生じた場合には，当該細目の内容については，特別委員会の委員長に一任する。）。
　① 本取引の目的の正当性・合理性（本取引が当社の企業価値向上に資するかを含む。）
　② 本取引の取引条件の公正性・妥当性
　③ 本取引の手続の公正性
　④ 本取引が当社の少数株主にとって不利益なものではないと考えられるか

⑤ 上記①乃至④を踏まえて当社取締役会が本公開買付けに対して賛同する意見を表明すること及び当社の株主に対して本公開買付けへの応募を推奨することの是非

当社取締役会は，特別委員会の判断内容を最大限尊重して本取引に係る意思決定を行うものとし，特別委員会が本取引の取引条件が妥当でないと判断した場合には，当該取引条件による本取引に賛同しない。

(2) 権限

特別委員会は，適切な判断を確保し，その役割を十分に果たすため，以下の権限を有する。

① 特別委員会の財務アドバイザー・第三者評価機関や法務アドバイザー（以下「アドバイザー等」という。）を選任し，又は当社のアドバイザー等を指名し若しくは承認（事後承認を含む。）する権限（なお，特別委員会は，当社のアドバイザー等が高い専門性を有しており，独立性にも問題がないなど，特別委員会として当社のアドバイザー等を信頼して専門的助言を求めることができると判断した場合には，当社のアドバイザー等に対して専門的助言を求めることができる。）。なお，特別委員会のアドバイザー等の専門的助言に係る合理的費用は当社の負担とする。

② 本取引に関係する当社の役員若しくは従業員又は本取引に係る当社のアドバイザー等に対して，特別委員会への出席を要求し，必要な事項について説明を求める権限

③ 本取引の取引条件等に関する当社による交渉について事前に方針を確認し，適時にその状況の報告を受け，重要な局面で意見を述べ，指示や要請を行うことなどにより，本取引の取引条件等に関する交渉過程に実質的に関与するとともに，必要に応じて自ら直接交渉を行う権限

(3) 委員

以下の3名

□□氏（当社独立社外取締役）

△△氏（当社独立社外取締役）

▽▽氏（当社独立社外取締役）

(4) 委員長

委員の互選により選定する。

(5) 期間

本日から本公開買付けに係る公開買付期間の末日又は当社取締役会が別途定める日まで

(6) 決議方法

特別委員会の決議は，原則として，委員の全員が出席し，その過半数をもってこれを行う。ただし，委員の一部が出席できない場合には，委員の過半数が出席し，その過半数をもってこれを行うことができる。

(7) その他

当社は，各委員が当社取締役会により特別委員会に対して諮問された事項に対応するに際して要する合理的な範囲の報酬及び実費を負担する。

(2) 報酬

後記第5章4(1)のとおり，社外役員が特別委員会の委員に就任する場合，通常の役員報酬に加え，別途の報酬を支払う事例が大多数である。特別委員会の委員としての職務の対価として社外役員に対して報酬が別途支払われる場合に，これが会社法上の役員報酬規制に服するか否かについては議論があり，会社の整理や対応もさまざまなようである。詳細は，後記第5章4(2)をご参照いただきたい。

5 コーポレートガバナンス・コードによる規制

上記第1章のとおり，令和3年6月にコーポレートガバナンス・コードが改訂され，補充原則4-8③「支配株主を有する上場会社は，取締役会において支配株主からの独立性を有する独立社外取締役を少なくとも3分の1以上（プライム市場上場会社においては過半数）選任するか，または支配株主と少数株主との利益が相反する重要な取引・行為について審議・検討を行う，独立社外取締役を含む独立性を有する者で構成された特別委員会を設置すべきである」

が追加され，これに伴い，常設の特別委員会を設置している上場会社が一定数存在する。今後は，M&Aの局面になった際に，すでに上場子会社等において特別委員会が設置されているというケースが増えることが予想される。

第4章

特別委員会の具体的活動・スケジュール

1 全体的なスケジュール

本章においては，特別委員会が組成されてから最終的に答申がなされ，案件が公表されるまでのスケジュールおよび具体的な活動の概要について説明する。

まず，公正M&A指針が対象としている典型的な取引であるMBO等における案件全体のスケジュールの概要としては，〈図4－1〉のものが一例として挙げられる。

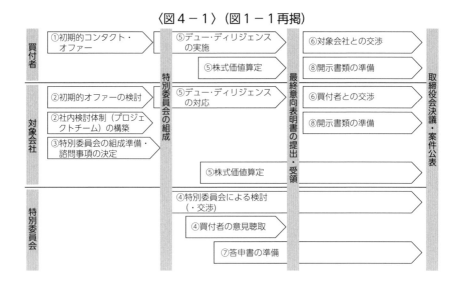

〈図4－1〉（図1－1再掲）

上記スケジュール①から⑧の具体的な内容は大要以下のとおりである。

① 買付者から対象会社に対して，取引に関する初期的コンタクトがなされ，続いて，対象会社の反応も踏まえて，初期的なオファー（取引目的や想定ストラクチャー等の初期的な提案（買付価格は提案内容に含まれないことが通常である[1]））がなされる。

② 当該オファーを受領した対象会社は，検討に関与すべきではない取締役（買

付者側と強い利害関係を有する者）を除外した上で，当該オファーについて検討するとともに，プロジェクト・チームの組成を含めた社内検討体制について検討する（第6章参照）。
③　対象会社は②と並行して，特別委員会の組成準備を進め，取締役会決議により特別委員会を組成し，一定の事項を諮問する（特別委員会の組成については第5章，諮問事項については後記3⑴参照）。
④　特別委員会はかかる諮問を受けて，取引の合理性等の諮問事項についての検討（買付者に対する意見聴取等を含む）を開始する（後記5参照）。
⑤　買付者は，対象会社に対するビジネス・財務・税務・法務等に関する調査（デュー・ディリジェンス）や対象会社株式の価値算定（バリュエーション）を行い，法的拘束力のある最終意向表明書を提出する。対象会社においても，デュー・ディリジェンスの対応（資料の準備や買付者からの質問に対する回答）を行うとともに，並行してバリュエーションを行う。
⑥　対象会社の取締役会が特別委員会の助言の下で，または特別委員会自らが，買付者との間で価格交渉等[2]を行う。

1　具体的な買付価格を提案した場合，今後の交渉は当該価格が1つの目線となるところ，(i)⑤に記載のとおり，初期的提案の段階ではバリュエーションの前提となるデュー・ディリジェンスも開始されていない状況であり，また，(ii)買付価格は市場株価に一定程度のプレミアムを付したものになることが一般的であるところ，初期的提案後の株価の動向が不明確，すなわちプレミアムの比率も不明確な中，かかる状況で具体的な価格の目線を作らないようにすることが背景にあると考えられる。この点，MBO等においては初期的提案段階で対象会社の事業計画を買付者が保有していることが一般的であり，当該事業計画に基づく初期的なバリュエーションも可能ではあるが，かかる事業計画はMBO等のために作成されたものではなく，対象会社側が今後の業績予想を一定程度高めに見込んで作成している場合も多いため，初期的提案における買付価格の提案が実際の価格交渉（最終意向表明書の提出段階）で提示する買付価格よりも高くなりすぎる事態を防止する観点から，初期的提案に買付価格を含めない運用が一般化しているものと思われる。
2　なお，MBO等にあたって，買付者が対象会社の株主（典型的にはMBOにおける大株主）との間で応募契約を締結することが予定されている場合，当該応募予定株主との間でも応募合意の前提として買付価格に関する合意が必要となる。したがって，買付者と対象会社（特別委員会）との間の交渉のみにより，買付価格が決定されるわけではない点にご留意いただきたい。また，買付者としては，公開買付けの開始にあたり，対象会社との間で買付価格について合意することが求められるわけではないものの，実務上，対象会社が買付価格を含め公開買付けの実施に賛同し，応募を推奨するか否かが公開買付けの成否に大きく影響しうるため，買付者としては対象会社から賛同および応募推奨が得られるよう価格交渉等を行うインセンティブを持つこととなる。

⑦　特別委員会は，④での取引の合理性等の諮問事項についての検討（買付者に対する意見聴取等を含む）や⑥での価格交渉の結果等も踏まえ，諮問事項に関する特別委員会の意見を，答申書としてまとめる。後記6［答申書の箇所］のとおり，答申書における意見の内容としては，MBO等の目的の合理性，取引条件の妥当性，手続の公正性を検討した上で，(i)公開買付けに対して対象会社取締役会が賛同意見表明することが妥当であるか否か，(ii)対象会社の株主に対して公開買付けへの応募を推奨することが妥当か否か（応募に反対するまたは株主の判断に委ねるか）という点についての結論を出すことになる。

⑧　買付者が提出する公開買付届出書や対象会社のプレスリリース等により，当該取引が公表される（特別委員会の意見は，答申書の要約としてそれらに記載される）。特別委員会の役割は，基本的には当該答申書の提出をもって終了する。

2　特別委員会のスケジュール

(1)　回数および設置期間

　前記1のとおり，特別委員会はその組成から案件の公表まで継続的に開催されることになる。その開催回数は案件の規模・性質に応じて変動するものであるが，本書において確認対象としているMBO等の事例（公正M&A指針公表後（2019年6月28日以降），2023年12月31日までに公表されたMBO案件59例および支配株主による子会社化等案件84例）における分布は，それぞれの類型および両者の合計において，〈図4－2〉のようになっている。

〈図4－2〉特別委員会の開催回数

■MBO

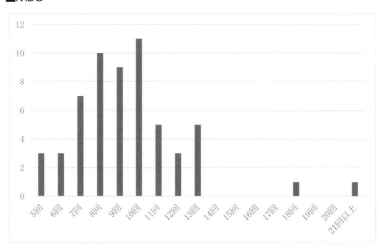

■親会社による完全子会社化

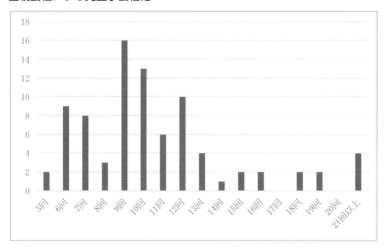

■MBO等(MBO＋親会社による完全子会社化)

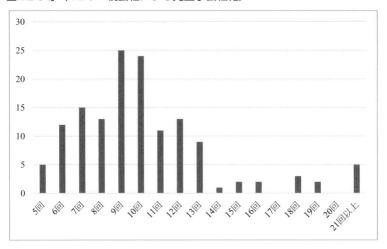

	最小	最大	中央値	平均値
MBO[3]	5回	25回	9回	9.52回
親会社による完全子会社化	5回	27回	10回	10.80回
MBO等(MBO＋親会社による完全子会社化)	5回	27回[4]	10回	10.27回

---

3 開示資料上，開催回数が明らかではない事例1件を除く。MBO等についても同じ。
4 なお，特別委員会を多数開催する事例としては，①特別委員会設置から公表までの期間が長期化する（その理由は案件ごとに異なるであろうが交渉の長期化等が典型的であろう）ことに伴い開催回数が増加する場合に加え，②案件の特殊性により，特別委員会設置から公表までの期間は長期ではないものの，当該期間中に集中的に特別委員会が開催される場合の双方が存在する。②の事例としては，(i)公開買付価格について対象会社（および特別委員会）と買付者の間で合意に至らず，応募推奨意見が出されないまま公開買付けが開始された事例（株式会社ファミリーマートによる令和4年7月8日付「親会社である伊藤忠商事株式会社の子会社であるリテールインベストカンパニー合同会社による当社株券等に対する公開買付けに係る意見表明に関するお知らせ」）や，(ii)応募が全く集まらずともスクイーズ・アウト手続を実行することが可能であるため，公開買付けにおいて上限および下限の双方が付されず，また，公的資金の返済方法という特有の論点があった事例（株式会社SBI新生銀行による令和5年5月12日付「支配株主である SBI地銀ホールディングス株式会社による当行株式に対する公開買付けに関する賛同の意見表明及び応募推奨の

上記グラフからは，特別委員会の開催回数としては，7回～12回程度が一般的ではあるが，特に親会社による完全子会社化の事例においては，13回以上開催する事例も相当程度存在することが確認できる。また，上記表からは，MBOと親会社による完全子会社化の事例における開催回数について，中央値，平均値ともに1回程度の有意な差が存在することが認められる。

　また，MBO等における特別委員会の設置期間は，それぞれの類型および両者の合計について，〈図4－3〉のようになっている。

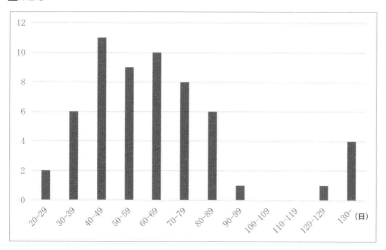

〈図4－3〉特別委員会の設置期間

―――――――――――――――
お知らせ」）が存在する。

■親会社による完全子会社化

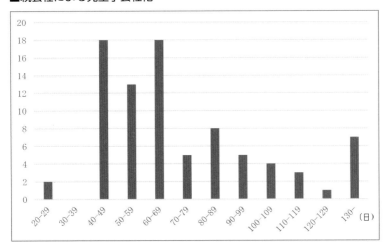

■MBO等（MBO＋親会社による完全子会社化）

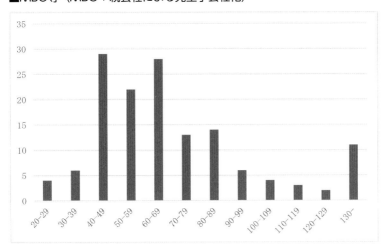

	最小	最大	中央値	平均値
MBO[5]	28日	342日	60.5日	72.05日
親会社による完全子会社化	28日	471日	66日	84.19日
MBO等（MBO＋親会社による完全子会社化）	28日	471日	64日	79.23日

　上記グラフからは，特別委員会の設置期間としては，40日〜69日程度が一般的ではあるが，特に親会社による完全子会社化の事例においては，80日以上にわたって設置されている事例も相当程度存在することが確認できる。また，上記表からは，MBOと親会社による完全子会社化の事例における設置期間について，中央値で1週間弱，平均値で2週間弱の有意な差が存在することが認められる。この点，MBOと親会社による完全子会社化の事例においては，(i)買付者側の意思決定の速さ（現経営陣およびファンドが買付者になるMBOのほうが速いことが一般的であろう），(ii)デュー・ディリジェンスの要否・密度（親会社による完全子会社化の事例ではすでに子会社となっていることもありデュー・ディリジェンスが行われない（または簡潔なもので済ませる）事例も一定数存在する），(iii)買付資金の調達方法（買付者の性質上，金融機関からの借入が主となるMBOに比べ，親会社による完全子会社化の事例では買付者の現預金で資金を賄うことも多い）等の点で，案件全体の期間に差が生じうるものであり，これらの要素が設置期間にも影響を与えている可能性がある（もっとも，(ii)(iii)の観点からはMBOのほうが設置期間が長くなるようにも思われる一方で，実例としてはMBOのほうが短期間となっている）。

　そして，後記(2)のとおり，特別委員会は1週間に1回程度のペースで開催されることが一般的であるが，上記の開催回数の分布と照らしても，MBOに比

5　開示資料上，設置期間が明らかではない事例1件を除く。MBO等についても同じ。

して親会社による完全子会社化の事例においては特別委員会の設置期間が中央値・平均値ともに長く，かかる設置期間の差（中央値で5.5日，平均値で12日程度の差）が，開催回数の差にも反映されていることがうかがわれる。

なお，本書において確認対象としているMBO等の事例の多くは，新型コロナウイルス感染症が拡大する状況下で行われたものであり，同感染症の影響（典型的には買付者・対象会社双方の財務状況に対する影響やリモートワークによるデュー・ディリジェンスの対応の遅れ）による案件全体の進捗に影響した事例が少なからず存在する[6]とうかがわれることにはご留意いただきたい。

なお，特別委員会の開催回数は公開買付けに際しての開示書類にも公正性担保措置の内容として記載されることになる[7]ため，かかる観点からも十分な議論が尽くされたと整理できる程度の開催回数を確保する必要がある。

(2) 開催スケジュール・アジェンダ

前記(1)の開催回数の分布を踏まえ，開催回数をMBO等における特別委員会の開催回数の中央値である10回，設置期間を64日として仮定した場合の，特別委員会の開催スケジュールおよび各回において取り扱うことが想定される内容としてはたとえば〈表4－1〉のものが考えられる。各項目の具体的内容については，後記5以降で詳述する。

---

[6] たとえば，親会社による完全子会社化の事例において設置期間が最長（471日）である事例においては，公開買付けの予定を一度公表した後に，新型コロナウイルス感染症の影響に鑑み，公開買付けの開始時期を延期している（Zホールディングス株式会社による令和3年1月20日付「LINE株式会社による当社株式に対する公開買付けに係る意見表明のお知らせ」）。この場合，特別委員会による最終的な答申結果には，延期期間に生じた事情も考慮する必要があるため，延期期間に応じて特別委員会の設置期間も延長されることになる。

[7] 開催回数に加え，特別委員会の合計開催時間も開示書類に記載する事例も相当程度存在する。かかる観点からも特別委員会の議事録においては，開催時間を正確に記載することが求められる。これらの点も踏まえた議事録作成に際しての留意点については，後記第6章2(5)をご参照いただきたい。

〈表4-1〉特別委員会のスケジュール・各回の内容（例）

回数	時期	出席者	内容
1.	組成後ただちに	特別委員 法務アドバイザー 財務アドバイザー 対象会社[8]	・特別委員会の設置目的等の確認 　≻特別委員の紹介 　≻特別委員会の目的・役割・権限等[9] 　≻諮問事項 　≻特別委員会のアドバイザーの選任要否 ・対象会社の会社概要説明[10] ・取引の概要説明 ・対象会社における検討体制の確認 　≻プロジェクトチームの体制 　≻対象会社のアドバイザーの承認 ・特別委員会の全体スケジュールの確認
2.	約1週間後	特別委員 法務アドバイザー 財務アドバイザー 対象会社	・公開買付者からの初期的提案内容の検討 ・目的の合理性の検討 ・公開買付者に対する質問事項の検討
3.	約1週間後	特別委員 法務アドバイザー 財務アドバイザー 公開買付者	・公開買付者に対するインタビュー

8　対象会社からの参加者としては、後記第6章2(1)のプロジェクトチームのメンバーが想定される。また、第1回および第2回については、対象会社による説明が必要となる議題（会社概要や事業計画の説明）が存在するため、特別委員会への参加が必要となるが、第3回以降もプロジェクトチームのメンバーが参加することが否定されるわけではなく、全特別委員会にプロジェクトチームのメンバーが参加する運用は実務上も行われている。

9　特別委員会の委員長を事前（特別委員会の設置決議時点）に定めない場合、第1回の特別委員会において、委員の互選により委員長を選定することになる。

10　後記5(1)のとおり、特別委員として外部有識者が選任された場合、当該委員は対象会社の事業に精通していないことが考えられるため、第1回で事業概要の説明を行うことが望ましい。

4.	約1週間後	特別委員 法務アドバイザー 財務アドバイザー 対象会社	・対象会社の事業計画に関する対象会社からの説明，質疑応答
5.	公開買付者からの価格提案後	特別委員 法務アドバイザー 財務アドバイザー	・バリュエーションに関する中間報告 ・公開買付者の初回価格提案の内容検討 ・交渉方針の検討
6.	公表日の4週間ほど前	特別委員 法務アドバイザー 財務アドバイザー	・公開買付者の価格提案の内容検討 ・交渉方針の検討
7.	公表日の3週間ほど前	特別委員 法務アドバイザー 財務アドバイザー	・公開買付者の価格提案の内容検討 ・交渉方針の検討
8.	公表日の10営業日ほど前	特別委員 法務アドバイザー 財務アドバイザー	・答申書のドラフト確認 ・公開買付者の価格提案の内容検討 ・交渉方針の検討
9.	公表日の数営業日前	特別委員 法務アドバイザー 財務アドバイザー	・答申書のドラフト確認 ・バリュエーション結果の現状確認 ・各種開示書類の確認 ・公開買付者の最終価格提案の内容検討 ・交渉方針の検討
10.	公表日前日（または当日）	特別委員 法務アドバイザー 財務アドバイザー	・答申書の最終確認 ・バリュエーション結果の最終確認 ・開示書類の最終確認

　なお，当然のことながら，特別委員会の各回の開催時期や議論すべき内容は，案件の個別事情[11]により変動するものであることにご留意いただきたい。

11　典型的には，買付者によるデュー・ディリジェンスの進捗状況および当該デュー・ディリジェンスで検出された問題事項に関する対応状況等による遅れが考えられる。一方で，上記のとおり買付者の要望に応じてデュー・ディリジェンスで検出された問題事項の対応を行うことはあるが，それを超えて対象会社側固有の事情が案件のスケジュールに影響を与えることは，（スケジュールに影響を与えうるようなもの（決算発表等）は全体スケジュールを初期的に設定する際に考慮されていることもあり）多くはないであろう。

3 諮問事項・特別委員会の答申結果の位置づけ

(1) 諮問事項

特別委員会の組成に際しては取締役会決議を経ることが一般的である（具体的には取締役会決議の内容については後記第5章1(1)参照）が，当該決議においては，特別委員会の構成や権限に加えて，諮問事項もあわせて決議することとなる。一般的な諮問事項としては以下のものが考えられる。

> ① 取引の目的の合理性（取引が対象会社の企業価値向上に資するかを含む）
> ② 取引条件の妥当性
> ③ 取引に係る手続の公正性
> ④ 取引を行うことは対象会社の少数株主にとって不利益ではないか
> ⑤ 公開買付けに対して対象会社取締役会が賛同意見を表明することおよび株主に対して公開買付けへの応募を推奨することの是非[12]

前記第2章2のとおり，特別委員会の役割は，(a)対象会社の企業価値の向上に資するか否かの観点から，M&Aの是非について検討・判断するとともに，(b)一般株主の利益を図る観点から，(i)取引条件の妥当性および(ii)手続の公正性について検討・判断する点にある（公正M&A指針3.2.2）。これを上記諮問事項に照らすと，①が(a)，②が(b)(i)，③が(b)(ii)に対応しており，①②③の検討結果を踏まえ，④⑤の結論を導くこととなるであろう。

後記(2)のとおり，対象会社の取締役会は特別委員会の答申結果を踏まえて，

---

[12] MBO等の手法として公開買付けが用いられることを念頭に置いているが，仮にその他の手法である株式交換が用いられる場合，⑤は含まれないことになる。

公開買付けに対する意見および応募推奨の是非を決定することになる[13]。そのため，⑤の内容としても，取締役会決議の内容に対応する形で，(ⅰ)公開買付けに対して対象会社取締役会が賛同意見表明することが妥当であるか否か，(ⅱ)対象会社の株主に対して公開買付けへの応募を推奨することが妥当か否か（応募に反対するまたは株主の判断に委ねるか）という点についての結論を出すことになる。

上記各諮問事項に対する答申結果を出すことが特別委員会の目的の1つとなり，後記6のとおり，各諮問事項に対する答申の内容は答申書において記載され，開示書類においても参照されることとなる。

(2) 特別委員会の答申結果の位置づけ

前記(1)の諮問事項に対する答申結果を踏まえ，対象会社の取締役会はMBO等に対する意見表明の内容を決定することになる。かかる意見表明決議に際しての特別委員会の答申結果の位置づけについては，公正M&A指針において，取締役会は，特別委員会の設置の趣旨に鑑み，特別委員会の判断内容を適切に理解・把握した上で，これを最大限尊重して意思決定を行うことが望ましいとされている（公正M&A指針3.2.5）ことも踏まえ，特別委員会の組成に関する取締役会決議の段階で，以下の内容を決議することが考えられる。

---

[13] 上記のとおり，MBO等が対象会社の企業価値の向上に資するか否かと，一般株主の利益になるか否かは考慮要素が異なることになる。したがって，対象会社の企業価値の向上に資すると考えられる（シナジーが期待できる）MBO等であっても，公開買付価格が低い場合等には，株式売却後はシナジーを享受できない一般株主との関係では応募の推奨はできないことになり，賛同意見表明の是非と応募推奨の是非は別個に検討される必要がある。

> ① 特別委員会の判断内容を取締役会が最大限尊重すること
> ② 公開買付けに対して対象会社取締役会が賛同意見を表明することが妥当でないと特別委員会が判断した場合（前記(1)諮問事項⑤）に，取締役会として公開買付けに賛同しない[14]こと

　本書において確認対象としているMBO等の事例における，特別委員会の答申結果の位置づけの分布は〈表4－2〉のとおりである。80％弱の案件で，取締役会決議において，特別委員会の判断を尊重し，かつ，特別委員会の答申結果次第で取締役会としても取引に賛同しないことを決議していることになり，かかる運用が一般的となっていることがうかがわれる。

〈表4－2〉対象会社における特別委員会の答申結果の位置づけ

①のみ決議	20件（約14.0％）
②のみ決議	2件（約1.4％）
①②双方を決議	113件（約79.0％）
記載なし[15]	8件（約5.6％）

　なお，取締役会において①②を決議し，かかる旨を開示書類において記載する場合の記載例は以下のとおりである。〈開示例（イソライト工業株式会社による令和3年12月23日付「支配株主である品川リフラクトリーズ株式会社による当社株式に対する公開買付けに関する賛同の意見表明及び応募推奨に関するお知らせ」15頁）〉。

14　MBO等が株式交換の手段による場合，特別委員会が株式交換の条件を妥当ではないと判断した場合には，株式交換契約を締結しないという形になる。
15　開示書類において，特別委員会の答申結果の位置づけを記載することは必須ではないため，記載が行われていない事例において，対象会社取締役会で特別委員会の答申結果の位置づけについて決議がなされていない場合があることを意味するものではないことにご留意いただきたい。

> また，本特別委員会への諮問にあたり，当社取締役会は，本特別委員会の判断内容を最大限尊重して本取引に係る意思決定を行うものとし，本特別委員会が本取引の取引条件が妥当でないと判断した場合には，本取引に賛同しないことを決議するとともに……。

4 公正M&A指針における特別委員会への要求事項

　公正M&A指針において特別委員会に期待されている役割は前記第2章2のとおりであるが，かかる役割を果たすため，①(a)買収候補者との取引条件に関する協議・交渉過程において，企業価値を高めつつ一般株主にとってできる限り有利な取引条件でM&Aが行われることを目指して合理的な努力が行われる状況を確保すること，および(b)取引条件の妥当性の判断の重要な基礎となる株式価値算定の内容と，その前提とされた財務予測や前提条件等の合理性を確認することを通じて，買収対価の水準のみならず買収の方法（スキーム）や買収対価の種類等も含めた取引条件の妥当性について検討することが重要であるとされている。

　また，手続の公正性を判断するために，M&Aにおける具体的状況を踏まえ，全体として取引条件の公正さを手続的に担保するため，いかなる公正性担保措置をどの程度講じるべきかを検討することも重要であるとされている（公正M&A指針3.2.2）。

　上記役割を果たすため，特別委員会が対象会社と買収候補者との間の買収対価等の取引条件に関する交渉過程に実質的に関与することが望ましいとされている（公正M&A指針3.2.4.4）ほか，特別委員会が自らの役割を適切に理解し，その役割を十分に果たすために，手続の公正性や企業価値評価に関する専門的知見に関する助言を求めることができる財務アドバイザー・第三者評価機関や法務アドバイザーが存在していることが望ましいとされている（公正M&A指針

3.2.4.5)。これらの点については後記第5章をご参照いただきたい。また，かかる役割を担う特別委員会の意見を，対象会社の取締役会が最大限尊重することが望ましい点は前記3(2)のとおりである。

5 具体的活動

(1) 組成当初の活動

取締役会において特別委員会の組成が決議された後，実際に特別委員会が開催されることになるが，その活動として初期的に行われる内容としては，以下のものが挙げられる。

まずは，特別委員は対象会社の依頼を受けて同委員に就任することになるが，MBO等の取引に精通しているとは限らない（外部有識者の場合を除き，あまり知識を有していないことが通常である）ため，特別委員会の設置目的や今後予定されている活動，取引全体の概要，諮問事項等を説明することになる。かかる説明は，対象会社の財務アドバイザーや法務アドバイザー等が行うことになるであろう。

また，後記第5章のとおり，特別委員会には対象会社が選任する外部アドバイザーとは別途，特別委員会専任の外部アドバイザーを選任する権利が与えられていることから，かかる専任の外部アドバイザーの要否は特別委員会の初回で検討・確認されることになる。後記第5章3(2)のとおり，実例上は，特別委員会専任の外部アドバイザーを選任している事例は少数にとどまっている。特別委員会専任の外部アドバイザーを選任しない場合，対象会社の外部アドバイザーが独立性を有しており特別委員会に対しても助言を行うことについて問題がない旨を確認の上，対象会社の外部アドバイザーが特別委員会に対しても助言を行うことが一般的である。

特別委員会においては，事業計画の検証（後記(2)）や，MBO等による買付

者とのシナジーの検討を行う（後記(3)）ことになるが，その前提として対象会社の事業内容を特別委員（および特別委員会が選任する外部アドバイザー）が把握しておくことも不可欠である。特別委員が社外取締役および社外監査役のみで構成されている場合には，すでに十分に把握しているであろうが，特別委員に社外有識者が含まれる場合，特別委員会の活動の初期段階で，対象会社の事業内容を説明する機会を設けることが望ましいであろう[16]。

　上記に加え，特別委員会組成の契機となる買付者からのオファーまたはコンタクトの内容を初期的に検討することも行われる。前記のとおり，初期的なオファーまたはコンタクトにおいては，取引価格等の詳細な条件までは提示されないことが通常である一方で，取引目的等はすでに明らかにされていることが一般的であるから，今後本格的に取引の是非を検討していくにあたり，買付者の提示している取引それ自体やその目的に合理性が認められるかを初期的に確認することが望ましいと考えられる。

(2) 事業計画の検証

　前記1のとおり，MBO等においては，買付者および対象会社双方が，対象会社のバリュエーションを行うことが一般的であるが，当該バリュエーションの手法の1つであるDCF法（後記(4)④参照）を用いるにあたっては，その基礎となる事業計画の内容を検証することが必要である。具体的には，(i)事業計画が過度に楽観的なものである場合，対象会社の株式価値が実際以上に高く計算され，買付者側と価格の目線が合わない結果，本来であれば少数株主にとって利益であるはずの取引も成立しないことになる可能性があり，一方で，(ii)事業計画が対象会社の事業を過小評価しているものである場合には，対象会社の株式価値が必要以上に低く計算される結果，公開買付価格も低い額で設定され，少数株主に対して取引による利益が最大限分配されない可能性が存在する。し

16　特に，対象会社の事業内容が複雑なもので，公表情報等から概要を把握することが難しい場合，事業概要の説明の必要性はより高まるであろう。

たがって，特別委員会において，対象会社が策定した事業計画が現実的なものかを検証することで，少数株主が不利益を被ることの防止につながることとなる。実際の特別委員会においては，特別委員や外部アドバイザーから対象会社に対して，事業計画に関する質疑応答を行うことで検証を進めることになるであろう。

なお，MBO等でバリュエーションの基礎となる事業計画は，対象会社が公表している中期経営計画等を用いることもある一方で，公表されている事業計画が対象としている期間が不適当（たとえば，翌年までを対象としており将来収益が確認できない）な場合等には，取引のために新規に事業計画を策定し，買付者側と共有する場合も存在する。MBO等に際して事業計画を新規に策定する場合の留意点については，後記第6章2(1)をご参照いただきたい。

(3) 買付候補者との質疑応答（インタビュー）

MBO等において，買付者は対象会社に対して，初期的なコンタクト・オファーおよび検討が進んだ段階で行われる提案を通じて，MBO等を行うことの意義や対象会社自身に生じるメリット（シナジー）を説明することになるが，買付者側のかかる説明のみでは対象会社および特別委員会の検討のために必要な情報が十分に提供されていないことも多く，対象会社および特別委員会においてMBO等の検討を行うにあたっては，より詳細な情報を取得することが望ましい。そのため，特別委員会側から，買付者への質疑応答を行う機会を設定することを要求し，インタビュー[17]が行われることが一般的である。

かかるインタビューは，特別委員会として，今後MBO等を検討し最終的に諮問事項に対する答申結果を出すために必要な情報を取得するという観点から

---

17 買付者側の希望や，日程の都合で，実際の会議ではなく書面ベースでのやりとりとなる場合も存在するが，書面で取得できる情報は限定的であり，買付者からの情報取得の場としては，やはりインタビューのほうが買付者および特別委員会が双方向的に意見を交換することができるため，望ましいであろう。

行われるものであるから，事前に特別委員会から買付者に対して質問事項を送付することになる。実際の準備にあたっては，特別委員や外部アドバイザーが準備した質問事項案を特別委員会で討議した上で，買付者に送付し，インタビュー当日は特別委員のリードにより質疑応答が進められることが一般的である。

　質問事項の一例としては以下のものが考えられるが，各案件における具体的な質問事項の内容は，案件の性質や外部アドバイザーの助言等も踏まえて，調整していくことになる。

＜買付者への質問事項例＞
- MBO等の提案に至った背景・目的
  - ✓ 取引の検討経緯
  - ✓ 対象会社を取り巻く事業環境に関する認識
  - ✓ 買付者における対象会社の位置づけ（親会社による完全子会社化取引の場合）
  - ✓ 買付者から見た対象会社の強みおよび現状の課題・改善事項
  - ✓ 買付者および対象会社それぞれにおいて取引が有する意義および取引により生じる具体的なシナジー
  - ✓ 取引により生じるシナジーが対象会社を上場維持した状態では達成が難しい理由
  - ✓ スキームの選択理由
  - ✓（経営陣がファンドと共同してMBOを行う場合）MBOのパートナーとして，当該ファンドを選定するに至った理由
  - ✓ 買付主体となる法人（特別目的会社（SPC））に対する各経営陣の出資予定比率（MBOの場合）
- MBO等に必要となる資金の調達方法
- 取引実行後の経営方針
  - ✓ 対象会社の基本的な経営方針
  - ✓ 対象会社のガバナンス体制（買付者からの役員派遣の予定の有無を含む）
  - ✓ 対象会社を当事者とするM&Aの予定の有無[18]

- ✓ 既存取引先との今後の取引関係
- ✓ 上場廃止により対象会社に生じうる悪影響（事業面，人材獲得面[19]，資金調達面等）
- ✓ 対象会社の従業員の処遇の方針（継続雇用予定の有無），買付者と対象会社の人材交流（親会社による完全子会社化取引の場合）
- ✓ 対象会社の福利厚生制度に対して予定されている変更[20]

(4) 株式価値算定（バリュエーション）

① 概要

　前記1のとおり，MBO等においては，買付者および対象会社それぞれが財務アドバイザーに依頼して株式価値算定（バリュエーション）を行うことになるところ，対象会社側のバリュエーションの進捗および結果は，特別委員会に対しても都度報告されることとなる。バリュエーションは，対象会社の株式価値を評価するために行われるものであるが，その主な目的は公開買付価格の参考とする点にある。バリュエーションの結果として算定された対象会社の株式価値のレンジ（バリュエーションは特定の額として算定されるわけではなく，一定のレンジを持った形で算定されることが通常である）は，(i)買付者が対象会社に提案する公開買付価格を検討する際，(ii)公開買付価格の提案を買付者か

18　典型的には，対象会社が行っている事業の一部が，買付者にとって不要と判断されている場合，取引の実行後に当該事業のみを切り出す形で第三者に対して譲渡される可能性が存在する。

19　一般的に，上場会社は非上場会社に比して人材獲得の点で優位性があると考えられており，対象会社の中には，MBO等に際して上場廃止が行われるにあたり，この点を懸念する会社も存在する。

20　たとえば，上場会社においては，従業員持株会が存在することが多いが，上場廃止に伴い従業員持株会も廃止されることになる。また，役員に対して，対象会社株式を譲渡制限付株式報酬として付与している場合も想定されるが，これについても取引に伴い廃止されることになる。買付者が上場会社の場合，新たに買付者株式を対象とする福利厚生制度を導入する等の対応が考えられるところであるが，買付者が非上場会社の場合，かかる対応は困難であるため，事前にインタビューの場で買付者側の認識を確認しておくことが望ましい。

ら受けた対象会社および特別委員会が当該価格を検討する際の双方において重要な役割を果たすことになる。

バリュエーションの手法としては複数のものが存在するところ，本書は法的観点から特別委員会の実務・運用を取り扱うものであるため，各手法の詳細はバリュエーションを専門に取り扱う書籍に譲ることとし，ここでは，MBO等の取引において代表的に用いられる3つの手法について，概要のみ説明する。

② 市場株価法

MBO等における対象会社はほとんどの場合上場会社であるため，市場における株価が存在する。市場における上場会社の株価が，上場会社の現時点での株式価値を反映しているという前提の下，特定時点または特定期間における対象会社の株価をもって，対象会社の株式価値として評価するのが市場株価法である。具体的には，取引公表日前日の終値ならびに直近1カ月，直近3カ月および直近6カ月の株価の平均値を参照し，これらの最小値から最大値のレンジをもって，対象会社の株式価値として算定する場合が多い。

③ 類似会社比較法

対象会社の事業と類似した事業を営んでいる上場会社（以下「類似会社」という）が存在する場合，当該類似会社の株価や事業価値が特定の財務指標の値の何倍程度に相当するかを算出し，これにより導かれる倍率を，対象会社の同種の財務指標と乗じることで対象会社の株価や事業価値を算定するものである[21]。

類似会社の選定は財務アドバイザーが行うことが一般的である。また，複数の類似会社との間で財務指標を基準とした比較を行うことから，類似会社比較法によるバリュエーション結果も一定程度の幅を持って算定されることになる。

---

21 ごく簡潔に例示すると，たとえば売上高を基準となる財務指標とした場合，売上高が5億円である類似会社の事業価値が100億円である場合，売上高が10億円の対象会社の事業価値は200億円程度になるはずであるという算定方法である。

なお、当然のことながら、対象会社と類似した事業を営んでいる上場会社が存在していることが前提となっていることから、対象会社の事業が非常に特殊なものであり、類似会社を見つけることができない場合には、類似会社比較法は用いることができないこととなる。

④ DCF法（ディスカウント・キャッシュ・フロー法）

対象会社が将来において生み出す収益が対象会社の価値であるという考えの下、対象会社が将来的に事業活動で獲得するキャッシュ・フローのうち、投資家に分配可能なキャッシュ・フロー（フリー・キャッシュ・フロー）をベースに、将来分に関するリスクを割り引いて現在価値に引き直すことで対象会社の現在の事業価値を計算する手法を、ディスカウント・キャッシュ・フロー法（DCF法）と呼び、MBO等をはじめとするM&A取引において、バリュエーションの方法として広く用いられている。現在価値への引き直しの際に用いられるリスクの数値には一定程度の幅がある結果、本手法においてもバリュエーション結果はレンジを持って算定されることとなる。

なお、DCF法におけるバリュエーション結果は、フリー・キャッシュ・フローおよびリスクを踏まえて計算されるところ、これらの指標については対象会社の事業計画を基に計算されることになる。そのため、事業計画の内容がバリュエーション結果に直結することになり、対象会社の事業計画は慎重に吟味される必要があることから、前記(2)のとおり、特別委員会においても対象会社の事業計画が検証されることになる。

⑤ 特別委員会におけるバリュエーション結果の取扱い

上記バリュエーション結果は、特別委員会が諮問事項に対する答申内容を検討する際、特に取引条件の妥当性の検討に際して非常に参考になるものである。すなわち、取引条件の一部である公開買付価格は、MBO等により対象会社に生じるシナジーも加味した対象会社の株式価値を反映したものである必要がある。この点、市場株価法や類似会社比較法は、MBO等の公表前の時点におけ

る対象会社または類似会社の株価を参考にするものであることからシナジーについては考慮されておらず，また，DCF法においてもその根拠となる事業計画においては，MBO等によるシナジーまでは考慮されていないことが多い[22]。そのため，バリュエーション結果には取引によるシナジーの影響までは加味されていないことになるため，少なくともバリュエーション結果と同等以上の公開買付価格でない限り，特別委員会として，取引条件が妥当であるという判断をすることは難しくなる。

具体的には，市場株価法や類似会社比較法に比してDCF法の算定結果が高く出る場合が多いことにも鑑み，公開買付価格が市場株価法および類似会社比較法による算定レンジの上限を超えており，かつDCF法による算定レンジの範囲内であることが，取引条件の妥当性の判断の一基準となるであろう。

(5) 提示条件の検討・交渉

① 特別委員会の関与方法

MBO等においては，買付者からの初期的コンタクト以降，とりわけ初回の価格提案以降，買付者と対象会社の間で交渉が行われることになる。この点，公正M&A指針においては，「特別委員会は，買収者との取引条件に関する協議・交渉過程において，企業価値を高めつつ一般株主にとってできる限り有利な取引条件でM&Aが行われることを目指して合理的な努力が行われる状況を確保する役割を担う」とした上で，「特別委員会が対象会社と買収者との間の買収対価等の取引条件に関する交渉過程に実質的に関与することが望ましい」とされている（公正M&A指針3.2.4.4）。

かかる関与の具体的方法としては，「特別委員会が取引条件が妥当でないと

---

[22] 仮に，MBO等に際して対象会社の事業計画が新たに策定され，当該事業計画がMBO等の成立を前提としたものである場合，かかる事業計画に基づいてDCF法を用いて算定される株式価値は，シナジーを織り込んだものといえるであろう。もっとも，上記のとおり，対象会社の事業計画にシナジーが織り込まれることは多くない。

判断した場合には当該M&Aに賛同しないことを取締役会においてあらかじめ決定した上で，①特別委員会が取引条件の交渉を行う権限の付与を受け，自ら直接交渉を行うこと，または②交渉自体は対象会社の担当役員やプロジェクトチーム等の社内者やアドバイザーが行うが，特別委員会は，例えば，交渉について事前に方針を確認し，適時にその状況の報告を受け，重要な局面で意見を述べ，指示や要請を行うこと等により，取引条件に関する交渉過程に実質的に影響を与え得る状況を確保することが考えられ，個別のM&Aにおける構造的な利益相反の問題の程度や特別委員会の委員構成等の具体的状況に応じて，適切な方法や態様で関与することが望ましい」とされている。

上記のとおり，公正M&A指針においては，対象会社と買付者との間の交渉への特別委員会の関与について，2つの手段が挙げられている。この点，確認対象としたMBO等において，組成段階で特別委員会に付与されている交渉権限は〈表4－3〉のとおりである。

〈表4－3〉 特別委員会の交渉権限

	(i)交渉権限を付与	(ii)交渉過程に実質的に関与	交渉権限に関する記載なし
MBO	29件 (約49.2%)	30件 (約50.8%)	0件
親会社による完全子会社化	33件 (約39.3%)	46件 (約54.8%)	5件 (約6.0%)
MBO等 (MBO＋親会社による完全子会社化)	62件 (約43.4%)	76件 (約53.1%)	5件 (約3.5%)

上記表のとおり，確認対象のMBO等の過半数においては，特別委員会は直接の交渉権限を付与されておらず，実質的に交渉に関与する権限を付与されるにとどまっている。もっとも，実際の事例においては，かかる特別委員会の交渉権限の形式的な差異にかかわらず，特別委員会の名義で買付者に対して書面

を送付する等の形による実質的な交渉が行われている事例も存在する一方で，交渉過程に実質的に関与する権限が付与されていても買付者と対象会社との関係性や対象会社側の検討体制等を踏まえ，特別委員会としては対象会社への意見表明等を通じた間接的な交渉への関与にとどめる（直接交渉は対象会社のプロジェクトチームに委ねる）という事例も存在するように見受けられる。したがって，上記交渉権限の形式的差異は，実際の特別委員会の交渉形態には大きな影響を与えていないものと考えられる。

② 条件検討のポイント

特別委員会が直接交渉するか，対象会社を通じて実質的に関与するかにかかわらず，買付者側からの取引条件を検討する際には，(i)公開買付価格および(ii)その他の条件が論点となる。

まず，(i)公開買付価格については，買付者側からの初回価格提案が行われる時点ではバリュエーションの初期的結果も判明しているはずなので（そのようにスケジュールを設定することが望ましい），当該初期的バリュエーションの結果も踏まえて，買付者側の提案価格が妥当と言えるかを検討することになる。

また，バリュエーションに照らした検討と並行して，プレミアムの検討も行うことになる。プレミアムとは，公開買付価格と対象会社株価の差額を意味するが，過去の類似事例に照らして，買付者が提案する価格のプレミアムが十分と言えるかを検討することになるであろう。検討にあたっては，ファイナンシャル・アドバイザーにより，類似事例のプレミアム一覧等が作成されることが一般的である。

また，その他の条件として代表的なものとして，マジョリティ・オブ・マイノリティの議論が存在する。マジョリティ・オブ・マイノリティとは，「M&Aの実施に際し，株主総会における賛否の議決権行使や公開買付けに応募するか否かにより，当該M&Aの是非に関する株主の意思表示が行われる場合に，一般株主，すなわち買収者と重要な利害関係を共通にしない株主が保有する株式の過半数の支持を得ることを当該M&Aの成立の前提条件とし，当該前提条件

をあらかじめ公表すること」をいう（公正M&A指針3.5.1）。

　たとえば，親会社による完全子会社化の案件において，親会社である買付者がすでに対象会社株式の52.0％を保有している場合，買付者としては公開買付けにおいて約14.7％の応募を集めれば，株式併合等によるスクイーズ・アウトが可能になるため，完全子会社化の目的は達成されることになる。この場合において，マジョリティ・オブ・マイノリティの条件を適用する場合，一般株主が保有する対象会社株式48.0％のうちの過半数，すなわち24.0％超の公開買付けへの応募が公開買付け成立の条件とされる（公開買付けにおける買付目的数の下限をかかる条件に設定する）ことになる。

　マジョリティ・オブ・マイノリティの設定は，一般株主の過半数が取引条件について満足していることを直接確認することを通じて，一般株主による判断機会の確保をより重視することにつながる旨が公正M&A指針において指摘されている。したがって，（一般株主の保有する株式数が少なく類型的に公開買付けが成立しやすい状況にある親会社による完全子会社化案件においては特に）一般株主の利益を図ることをその設立趣旨の１つとする特別委員会としては，マジョリティ・オブ・マイノリティを設定することを買付者側に要求することも考えられる。

　もっとも，マジョリティ・オブ・マイノリティを設定することにより，取引の成立へのハードルは高まり，対象会社の企業価値が向上する取引をも阻害する可能性があること[23]は公正M&A指針においても指摘されており，実務上も親会社による完全子会社化の事例においては，マジョリティ・オブ・マイノリティが設定された事例は存在しない。したがって，親会社による完全子会社化の事例では，交渉の材料としてマジョリティ・オブ・マイノリティの設定を特

23　公正M&A指針においては，①買付者の保有する対象会社の株式の割合が高いほど，M&Aの機会に対象会社の株式を買い集める等により，少ない株式取得によってM&Aを容易に妨害することができることや，②近年の資本市場の動向としてパッシブ・インデックス運用ファンドの規模が拡大しているところ，その中には，取引条件の適否にかかわらず，原則として公開買付けへの応募を行わない投資家も存在するため，この観点からも取引阻害効果があることが指摘されている（公正M&A指針脚注74）。

別委員会（またはその指示を受けた対象会社）から要求することはありうるとしても，実際に取引条件に含めることは難しいと考えられる。

　一方で，MBOの事例においては，買付者が公開買付け開始前に保有している対象会社株式が少ないため，応募予定株主等の利害関係者が多くの対象会社株式を有していない限り，マジョリティ・オブ・マイノリティの条件を付したとしても，買付目的数の下限には大きな影響を及ぼさず，同条件に期待されている効果も限定的になる。そのため，同条件を含める形で買付目的数の下限が設定されている事例が約60％（確認対象事例63件中38件）となっている。もっとも，2023年1月1日〜2023年12月31日に公表されたMBOの確認事例である15件のうち，9件においては同条件が付されておらず，近時は，MBOの事例においてもマジョリティ・オブ・マイノリティの条件が付されない事例が増加してきていることがうかがわれる（同条件を含める形で買付目的数の下限が設定されている事例は40％）。

③　交渉方針

　上記のとおり，買付者との実際の交渉は対象会社において行うことが一般的である。一方で，前記のとおり，特別委員会の答申結果次第で，対象会社の取締役会は取引に賛同しないことをあらかじめ決議していることが一般的であるところ，かかる状況は買付者においても認識していると考えられるため，買付者との関係で特別委員会は大きな交渉力を有している。

　したがって，買付者との交渉にあたっては，対象会社が交渉を行う場合でも，特別委員会の意向に基づく主張・要求であることを明確にすることが効果的であり，また実務的にも一般的に行われている。

6 答申

(1) 概要

　特別委員会の最終目標は，取締役会からの諮問事項に対して答申結果を出すことにあり，かかる答申結果の提出に向けて，特別委員会は上記の具体的活動を行っていくことになる。答申結果は答申書という形で作成されることになるが，答申書の構成・内容および作成方法は以下のとおりである。

(2) 構成・内容

　MBO等において特別委員会が作成する答申書の一般的な構成およびその内容は以下のとおりである。

① 諮問事項
　まず，答申書による答申対象となる，取締役会から特別委員会に対する諮問事項について記載することになる。

② 調査・検討の方法および制約事項
　対象会社が特別委員会に対して諮問を行うに至った経緯（MBO等の経緯）や特別委員会の構成，検討に用いた資料やインタビュー，委員会の開催回数を記載し，特別委員会の調査・検討の方法についてまとめることが考えられる。
　また，特別委員会の活動は，あくまで入手した情報に基づくものであり，答申書の内容が完全に正確であるとは言えない点についての留保を記載することも考えられる。

③　諮問事項に対する答申内容

　各諮問事項に対する特別委員会としての答申結果を簡潔に結論のみ記載する。詳細な検討は④以下で行うことになる。

④　各諮問事項に対する答申の理由

　特別委員会における議論を踏まえ，各諮問事項に対する答申内容に至った理由を説明することになる。各諮問事項において記載することが考えられる事項，考慮すべき事項は⑤以下で記載する。

⑤　取引の目的の合理性（取引が対象会社の企業価値向上に資するかを含む）

　取引の目的の合理性の検討にあたっては，対象会社の事業内容・現状を確認した上で，MBO等に至った経緯・目的や買付者側から確認したシナジー，取引後の企業価値向上施策，経営方針について整理することになる。買付者側の認識を記載するにあたっては，これまでの交渉やインタビューで明らかになった点に加え，開示書類（公開買付届出書）に記載予定の内容も参考になるであろう。

　そして，特別委員会として，買付者側が主張するシナジーの発現が実際に期待できるか，取引後の企業価値向上施策や経営方針に合理性が認められるか（かえって対象会社のマイナスにならないか）を検討することになる。

⑥　取引条件の妥当性

　取引条件の妥当性の検討にあたっては，バリュエーション結果およびプレミアムの分析を踏まえた買付価格の妥当性が主に論じられることになる。この点については，前記5(4)および(5)で記載した観点を用いて実際の価格の妥当性を検証することになる。

　また，買付価格以外の取引条件（たとえば，スクイーズ・アウト手続が一般的なものであって，公開買付けに応募しなかった少数株主が，応募した少数株主に比して不利益を被るスキームではないこと等）についても可能な限り言及

することが望ましい。

　上記に加え，取引条件が少数株主にとって最も有利になるものになるよう合理的な努力がなされたことを手続的観点から示すために，交渉過程が合理的かつ公正なものであったことに言及することが考えられる。

⑦　取引に係る手続の公正性

　手続の公正性については，以下のとおり公正M&A指針に準じて検討がなされることが一般的である。

（ⅰ）独立した特別委員会の設置

　対象会社において設置された特別委員会が公正M&A指針の要求に応えたものであることを説明することになる。具体的には，以下の点について言及することになる。

・設置の時期（第5章1(1)）
・委員構成（独立性，属性・専門性）（第5章2および3）
・特別委員会の設置・委員選定のプロセス（第5章1(3)）
・アドバイザー等の選任（第5章3(2)）
・買付者との取引条件の交渉過程への関与（本章5(5)）
・情報の取得
・報酬（第5章4）
・対象会社の取締役会における特別委員会の判断の取扱い（本章3(2)）
・対象会社の社内検討体制（第6章2(1)）

　上記のとおり，各項目の詳細については本書の他の箇所で説明を行っているため，こちらでの記載は割愛するが，公正M&A指針における要請を記載した上で，実際に設置された特別委員会がどのようにその要請に応えているかを，各項目において論じていくことになる。

　なお，情報の取得については，公正M&A指針において「特別委員会の各委

員が対象会社に対する秘密保持義務に服していることを前提に，特別委員会が，一般株主に代わり，非公開情報も含めて重要な情報を入手し，これを踏まえて検討・判断を行うという方法も組み合わせることにより，全体として，重要な情報を十分に踏まえた上で，M&Aの是非や取引条件の妥当性についての検討・判断が行われる状況を確保することが望ましい」とされている（公正M&A指針3.2.4.6）。特別委員会において，買付者に対するインタビューを実施する（前記5(3)）等，特別委員会側から能動的に情報の取得を行うことで，かかる要請についても応えていると説明できるであろう。

(ii) 外部専門家からの独立した専門的助言等の取得

公正M&A指針においては，手続の公正性や取引条件の妥当性について慎重な検討・判断過程を経る上では，外部専門家の独立した専門的助言等を取得することが望ましいとされている（公正M&A指針3.3）。この中でも，法務アドバイザーは，公正性担保措置を講じることの意義について対象会社が十分に理解することを補助するとともに，特別委員会の設置や委員の選定，案件の検討・交渉過程から除外されるべき特別の利害関係を有しまたはそのおそれのある取締役等の考え方の整理，財務アドバイザーや第三者評価機関の独立性の検討等においても，重要な役割を果たしうることを踏まえると，初期段階から独立性を有する法務アドバイザーの関与を得て，その独立した専門的助言を取得することが望ましいとされている（公正M&A指針3.3.1）。なお，後記第5章3(2)のとおり，特別委員会に対しては独自のアドバイザーを選任する権限が与えられており，かかる権限に基づき独自の法務アドバイザーを選任した場合には，かかる特別委員会専任の法務アドバイザーから，かかる専任のアドバイザーを選任しなかった場合には対象会社の法務アドバイザーから助言を受けることになる。

したがって，対象会社が選定した法務アドバイザー（または特別委員会により選任された専任の法務アドバイザー）の選任時期や独立性に照らして，上記公正M&A指針の要請に応えていることを論ずることになる。

また，公正M&A指針においては，取引条件の形成過程において構造的な利

益相反の問題や情報の非対称性の問題に対応する上では，対象会社の取締役会または特別委員会において，専門性を有する独立した第三者評価機関から株式価値算定書等を取得し，これを判断の基礎とすることが望ましく，また，取引条件の形成過程において，企業価値を高めつつ少数株主にとってできる限り有利な取引条件でM&Aが行われることを目指して合理的な努力を行う上では，必要に応じて，M&Aのスキームや代替手段，代替取引の検討，価格交渉等において経験豊富なファイナンシャル・アドバイザーの助言や補助を得ることも有効であるとされている（公正M&A指針3.3.2）。特別委員会独自のアドバイザーの有無に応じて，対象会社または特別委員会の財務アドバイザーから助言を受けることになる点は法務アドバイザーと同様である。

この点については，対象会社において特別委員会によって承認された財務アドバイザー（または特別委員会により選任された専任の財務アドバイザー）が選定され，また同財務アドバイザー（または第三者評価機関）からの株式価値算定書を取得していることを説明することになる。

(ⅲ) 買付者における独立した第三者算定機関からの株式価値算定書の取得

公正M&A指針において直接言及されているのは，前記(ⅱ)の対象会社または株式価値算定書の取得であるが，同様に買付者側でも専門性を有する独立した第三者評価機関から株式価値算定書を取得している場合，買付価格が複数の第三者評価機関の算定書によって合理的に説明できる額であるという観点から，取引条件の公正性を基礎づけるものとなる。

したがって，買付者側で株式価値算定書を取得している場合，この点についても言及することが考えられる。

(ⅳ) 他の買付者からの買付機会を確保するための措置

公正M&A指針においては，M&Aにおいて他の潜在的な買収者による対抗的な買収提案が行われる機会を確保すること（マーケット・チェック）は，当初の買収提案よりも条件のよい対抗提案を行う対抗提案者の存否の確認を通じて，対象会社の価値や取引条件の妥当性に関する重要な参考情報が得られることに加えて，当初の買収提案者に対して，対抗提案が出現する可能性を踏まえ

て，対抗提案において想定される以上の取引条件を提示することを促す方向に働くため，取引条件の形成過程における対象会社の交渉力が強化され，企業価値を高めつつ一般株主にとってできる限り有利な取引条件でM&Aが行われることに資するという機能を有する（公正M&A指針3.4.1）とされており，その具体的方法としては，市場における潜在的な買収者の有無を調査・検討するいわゆる積極的なマーケット・チェックや，M&Aに関する事実を公表し，公表後に他の潜在的な買収者が対抗提案を行うことが可能な環境を構築した上でM&Aを実施することによる，いわゆる間接的なマーケット・チェックが挙げられている（公正M&A指針3.4.2）。

この点に関し，積極的なマーケット・チェックについて，親会社による上場子会社の完全子会社化の場合においては実施する意義が乏しい（支配株主が存在する以上，対抗提案が奏功する可能性は著しく低い）ことは公正M&A指針でも認められているところである（公正M&A指針3.4.3.2）。また，MBOの場合においても，常に積極的なマーケット・チェックが望ましいとまではされていない[24]ため，これらの点を踏まえ，常に積極的なマーケット・チェックの有無（実施していない場合にはその合理性）について確認することになるであろう。

また，間接的なマーケット・チェックについては，①公表後，対抗提案が可能な期間を比較的長期間確保するとともに，②対抗提案者が実際に出現した場合に，当該対抗提案者が対象会社と接触等を行うことを過度に制限するような内容の合意等を行わないことが例示されている（公正M&A指針3.4.2）。実務的には，公開買付期間を法定の20営業日よりも長期間に設定していること

---

[24] ①経営者と投資ファンド等が共同で行う最も一般的なタイプのMBOにおいては，対象会社の企業価値を増加させる上で，両者がMBO後に強固な信頼関係の下で共同して経営を行うことが重要となるところ，経営者が投資ファンド等と長い時間をかけて信頼関係を醸成した上で初めてMBOの実施に踏み切るに至ることが多いという実態に照らすと，積極的なマーケット・チェックの実施に馴染みにくい面もあること，②事前のマーケット・チェックには，当該プロセスを通じた競合他社等への企業秘密等の情報流出のおそれや，取引情報の漏えい等による事業や株価への悪影響のおそれ等の懸念があることが指摘されている（公正M&A指針脚注64）。

（MBO等においては少なくとも30営業日が設定されることが一般的である）や，対象会社が買収候補者と接触することを禁じる条項（取引保護条項）の不存在をもって，間接的なマーケット・チェックが行われたと判断することが多い。

(ⅴ) マジョリティ・オブ・マイノリティ条件

マジョリティ・オブ・マイノリティの説明は前記5(5)②のとおりである。同条件が設定されている場合にはその旨を説明することになり，一方でマジョリティ・オブ・マイノリティの条件が付されていない場合には，その点についての合理的な説明（一般的には，上記のとおり取引成立の可能性を過度に阻害する点に言及することになるであろう）を行うことになる。

(ⅵ) 少数株主への情報提供の充実とプロセスの透明性の向上

公正M&A指針によれば，買収者と少数株主との間に大きな情報の非対称性が存在するM&Aにおいては，取引条件の妥当性等について少数株主による十分な情報に基づいた適切な判断が行われること（インフォームド・ジャッジメント）や，取引条件の形成過程の透明性を向上させ，少数株主等の目を意識したより慎重な検討・交渉が行われることを期待するという観点から，少数株主の適切な判断に資する充実した情報をわかりやすく開示することが望ましいとされている（公正M&A指針3.6.2）。

具体的には，まず，特別委員会に関する情報として，委員の独立性や専門性等の適格性に関する情報，特別委員会に付与された権限の内容に関する情報，特別委員会における検討経緯や，買収者との取引条件の交渉過程への関与状況に関する情報，当該M&Aの是非，取引条件の妥当性や手続の公正性についての特別委員会の判断の根拠・理由，答申書の内容に関する情報，委員の報酬体系に関する情報が開示されることが期待されている（公正M&A指針3.6.2.1）。

これらの点については，意見表明プレス等の対象会社側の開示書類において言及されることが一般的であるから，その点について確認することになるであろう。

また，対象会社の取締役会や特別委員会が取得した株式価値算定に関する情報を開示することが望ましいとされており，各算定方法に基づく株式価値算定

の計算過程に関する情報，第三者評価機関の重要な利害関係に関する情報の開示が期待されている（公正M&A指針3.6.2.2）。

この点についても，対象会社側の開示書類において言及されることが一般的であるから，その点について確認することになるであろう。

上記の他，その他の情報として，M&Aを実施するに至ったプロセス等に関する情報，当該時期にM&Aを行うことを選択した背景・目的に関する情報，取締役の利害関係に関する情報や利害関係取締役の取引条件の形成過程への関与の有無・態様に関する情報，対象会社と買収者との間で行われた取引条件等に関する協議・交渉の具体的な経緯に関する情報，他の買収方法や対抗提案の検討の有無に関する情報，M&Aへの賛否等を決定する取締役会決議において反対した取締役または異議を述べた監査役がいる場合には，その氏名および反対または異議の理由に関する情報の開示が期待されている（公正M&A指針3.6.2.3）が，これらの情報についても対象会社側の開示書類において言及されることが一般的である。

(vii) 強圧性の排除

公正M&A指針においては，少数株主が公開買付けに応募するか否かについて適切に判断を行う機会を確保するために，強圧性（公開買付けに応募しなかった株主が不利に取り扱われるような推測を生じさせることによる，買付価格に不満のある株主に対しても公開買付けに応募させるような事実上の圧力[25]）が生じないように配慮されるべきであるとされている（公正M&A指針3.7）。

近時の取引においては，強圧性を有しないスキームであることが当然の前提になっている（買付者の初期的コンタクトの段階から考慮されている）ことが一般的であるとは思われるが，答申書内においても，強圧性を有しない取引であることを念のため確認することになるであろう。

---

25 たとえば，公開買付価格が1,000円であるのに対し，公開買付け成立後に行われるスクイーズ・アウト手続で少数株主（公開買付けに応募しなかった者）に対して交付される1株当たりの価額が800円の場合，かかるスキームは強圧性を有していることになる。

(ⅷ) 小括

上記で確認した公正M&A指針における各要請が満たされている（満たされていないものについては、合理的な説明ができる）場合には、取引の手続の公正性には問題がないと認められると結論づけることになるであろう。

⑧ 取引を行うことは対象会社の少数株主にとって不利益ではないか

上記各検討の結果、取引の目的の合理性、取引条件の妥当性、手続の公正性が認められるという結論に至った場合には、取引の実行が対象会社の少数株主にとって不利益ではないということになるであろう。

⑨ 公開買付けに対して対象会社取締役会が賛同意見を表明することおよび株主に対して公開買付けへの応募を推奨することの是非

前記3(2)のとおり、対象会社の取締役会は特別委員会の答申結果を踏まえて、公開買付けに対する意見および応募推奨の是非を決定することになる[26]。具体的には、前記同様、取引の目的の合理性が認められる場合には賛同意見表明は妥当、取引条件の妥当性および手続の公正性が認められる場合には応募推奨は妥当という結論になるであろう。

なお、確認対象としたMBO等のうち、公開買付けが行われている事例が128件（MBO59件、親会社による完全子会社化69件）あり、そのうち126件においては特別委員会からの答申結果に基づき、対象会社が賛同意見表明および応募推奨を行っている[27]。残りの2件はいずれも親会社による完全子会社化の事例であり、対象会社の取締役会において、賛同意見表明を行う一方で、株主から

---

[26] 賛同意見表明と応募推奨では考慮要素が異なり、両者の判断が分かれうる点については、前記本章脚注13参照。
[27] なお、一部の事例においては、（株主に対しては応募推奨がなされる一方で）対象会社が発行する新株予約権の保有者については応募中立とする取締役会決議がなされているが、これは公開買付期間中に新株予約権を行使して株式を取得し、当該株式について応募をするという取扱いが想定されていることに基づくものであり、かかる類型については、応募推奨がなされたものとして整理している。

の応募については中立とする旨が決議されている[28]。

(3) 記載例

```
                                                    ○年○月○日
    ○社御中

                                                    特別委員会
                                                    委員長　○
                                                    委員　　○
                                                    委員　　○

                            答申書
```

28　かかる事例2件のうち，1件においては，公開買付価格については対象会社の株式価値算定結果に照らすと応募を積極的に推奨できる水準には達していない一方で，公開買付けの後に予定されている株式交換において，公開買付けに応募しなかった株主には親会社である買付者の株式が交付されることになり，株式交換比率については妥当である旨が答申書において確認され，かかる答申結果に基づき取締役会の決議がなされている（株式会社関西みらいフィナンシャルグループによる令和2年11月10日付「当社親会社である株式会社りそなホールディングスによる当社株式に対する公開買付けに係る意見表明のお知らせ」69-71頁）。したがって，対象会社の株主としては，公開買付けに応募しなかったとしても，最終的に特別委員会が妥当と判断する対価を得られること自体は特別委員会も答申していた案件と言える。
　一方で，もう1件の事例においては，取引条件（公開買付価格）が妥当性を欠くとまでは言えないが，一般株主に対して公開買付けへの応募を積極的に推奨する水準にまでは達していないと特別委員会によって答申されており，これに基づき，対象会社の取締役会が応募推奨を行うことが妥当とは言えない旨決議がなされている（株式会社ファミリーマートによる令和2年7月8日付「親会社である伊藤忠商事株式会社の子会社であるリテールインベストメントカンパニー合同会社による当社株券等に対する公開買付けに係る意見表明に関するお知らせ」55頁）。当該事例では，上記事例と異なり，特別委員会が妥当と判断した対価を一般株主が受け取ることができることは担保されておらず，その観点からは公正M&A指針後のMBO等における唯一の事例と言える。なお，当該事例においては，スクイーズ・アウト手続において少数株主に交付される対価の公正性が価格決定手続によって争われ，公開買付価格（1株当たり2,300円）を上回る額（1株当たり2,600円）が公正な価格である旨の判断が裁判所によりなされている（東京地決令和5年3月23日）ことにご留意いただきたい（詳細は後記(6)参照）。

本答申書は、(i)X社（以下「買付者」という。）によるA社（以下「貴社」という。）の普通株式に対する公開買付け（以下「本公開買付け」という。）、(ii)本公開買付け後に、株式売渡請求又は株式併合の手法により、買付者が貴社株式の全てを取得し、貴社を買付者の完全子会社とすることを目的とする一連の取引（以下「本取引」という。）に関して、貴社の取締役会決議に基づき設置された特別委員会（以下「当委員会」という。）において、筆者らが、独立した委員として、貴社より諮問を受けた事項につき慎重に審議の上、決議した意見を記載するものである。

第1　諮問事項
1．本取引の目的の合理性（本取引が貴社の企業価値向上に資するかを含む。）
2．本取引の取引条件の妥当性
3．本取引に係る手続の公正性
4．本取引を行うことは貴社の少数株主にとって不利益ではないか
5．本公開買付けに対して貴社取締役会が賛同意見を表明すること及び株主に対して本公開買付けへの応募を推奨することの是非

第2　調査・検討の方法及び制約事項
1．当委員会に対する諮問に至る経緯
　［諮問に至った経緯］
2．当委員会の構成
　当委員会の構成は以下のとおりである。
　委員長　〇
　委員　　〇
　委員　　〇
3．当委員会における調査・検討の方法
　(1)　資料の検討
　　当委員会は、以下に記載した資料（以下、これらを総称して又は個別に「本件資料」という。）について検討を実施した。
　　　〇〇
　(2)　意見聴取等

当委員会は，諮問事項について検討するため，各委員会において，貴社，［ファイナンシャル・アドバイザー］及び［法務アドバイザー］から意見聴取等を行ったほか，買付者に対して，本取引に関する事項について，別紙1のとおり，ヒアリング等を実施したほか，必要に応じて，電話又は電子メールの方法による質疑応答を実施した。

⑶　委員会の開催

当委員会は，別紙2のとおり，合計○回にわたって開催され，諮問事項に関する審議及び検討を行った。そして，○年○月○日付で，委員3名全員の一致をもって本答申書を承認した。

4．制約事項

本答申書の作成にあたっては以下のような制約があり，当委員会は，本答申書の記載内容の正確性・完全性を保証するものではない。貴社においては，以下のような制約の存在をご理解の上，本答申書を貴社における本公開買付けへの対応検討の際の参考とされたい。

⑴　本答申書は，本答申書作成日までに当委員会が受けた説明及び受領した資料に基づき作成されたものであって，これらの内容が真実かつ正確であることを前提としている。また，これらの内容に顕れていない事実で，当委員会による答申の前提となった事実の認識の正確性又は当委員会による答申に係る検討過程もしくはかかる検討結果に影響を与えるような事象は存在しないことを前提としている。なお，当委員会は，これらの前提に反する事実を認識していない。

⑵　本答申書は，専ら貴社が内部的に使用することを前提として作成されており，第三者に対して開示したり利用させたりすることは想定していない。当委員会が第三者に対する開示や利用に同意した場合であっても，当委員会は，当該第三者を含むいかなる第三者に対しても，本答申書の記載に関連して一切の責任を負わない。

第3　諮問事項に対する当委員会の答申

1．本取引の目的の合理性（本取引が貴社の企業価値向上に資するかを含む。）

本取引は貴社の企業価値向上に資するものと認められ，その目的は合理性を有すると考えられる。

2．本取引の取引条件の妥当性
　本取引の取引条件は妥当であると考えられる。
3．本取引に係る手続の公正性
　本取引に係る手続は公正なものであると考えられる。
4．本取引を行うことは貴社の少数株主にとって不利益ではないか
　本取引は貴社の少数株主にとって不利益なものではないと考えられる。
5．本公開買付けに対して貴社取締役会が賛同意見を表明すること及び株主に対して本公開買付けへの応募を推奨することの是非
　本公開買付けに対して貴社取締役会が賛同意見を表明することは妥当であり，貴社の株主に対して本公開買付けへの応募を推奨することも妥当であると考えられる。
　また，貴社取締役会が，本公開買付けに対して賛同する旨の意見を表明するとともに，貴社の株主に対して本公開買付けへの応募を推奨する旨の決議をすることは，貴社の少数株主にとって不利益なものではないと考えられる。

第4　諮問事項に対する答申の理由[29]
1．本取引の目的の合理性（本取引が貴社の企業価値向上に資するかを含む。）
　(1)　貴社の事業内容，事業環境及び経営課題
　(2)　本取引の検討に至る経緯・目的
　(3)　本取引によるシナジー，本取引後の企業価値向上施策，経営方針
　(4)　当委員会における検討
　(5)　小括
　　以上のとおり，本取引は，貴社の企業価値の向上に資するものと認められ，その目的は合理性を有するものであると考えられる。
2．本取引の取引条件の妥当性
　(1)　取引条件に係る協議・交渉過程について
　(2)　株式価値算定結果について
　(3)　プレミアムの水準
　(4)　その他の取引条件の妥当性

---

[29] 小括部分を除き，各項目における具体的記載は省略している。各項目における検討要素については前記(2)をご参照いただきたい。

(5) 小括

以上より，貴社の企業価値は適正に評価されており，また，本公開買付価格，本スクイーズ・アウトにおいて本公開買付けに応募しなかった貴社の株主に対して交付される対価の額を含めて，本取引に係る取引条件は適正に設定されていると評価できるから，本取引の取引条件は妥当であると考えられる。

3．本取引に係る手続の公正性
 (1) 独立した特別委員会の設置
 (2) 外部専門家からの独立した専門的助言等の取得
 (3) 買付者における独立した第三者算定機関からの株式価値算定書の取得
 (4) 他の買付者からの買付機会を確保するための措置
 (5) マジョリティ・オブ・マイノリティ条件
 (6) 少数株主への情報提供の充実とプロセスの透明性の向上
 (7) 強圧性の排除
 (8) 小括

以上のとおり，本取引においては公正M&A指針に定められる各公正性担保措置に則った適切な対応が行われており，その内容に不合理な点は見当たらない。したがって，本取引に係る手続の公正性は確保されていると考えられる。

4．本取引を行うことは貴社の少数株主にとって不利益ではないか

以上のとおり，本取引の目的は合理性を有すると考えられ，また，本取引の取引条件は妥当であり，また本取引に係る手続は公正であると考えられるから，本取引を行うことは貴社の少数株主にとって不利益なものではないと考えられる。

5．本公開買付けに対して貴社取締役会が賛同意見を表明すること及び株主に対して本公開買付けへの応募を推奨することの是非

以上のとおり，本取引は貴社の企業価値の向上に資するものであり，本取引の目的は合理性を有すると考えられるから，貴社取締役会が本公開買付けに賛同意見を表明することは妥当であり，また本取引の取引条件は公正・妥当であり，本取引に係る手続は公正であると考えられるから，貴社取締役会が貴社の株主に対して本公開買付けへの応募を推奨することも妥当であると考

> えられる。
>
> 以上

(4) 作成方法

　答申書はその内容が専門的かつ大部にわたることから，法律の専門家である外部有識者としての弁護士や，外部アドバイザーが主体となって作成し，特別委員会の場において，その内容の検証を行う形で準備を進めることが効率的かつ現実的である。各案件の性質（特別委員の構成等）に応じて答申書を初期的に作成する関係者は異なってくるため，法務アドバイザーと相談の上，答申書の具体的作成方法について検討することが望ましい。

(5) 作成時期

　前記2(2)のとおり，答申書の最終確認がなされるのは，特別委員会の最終回，すなわち案件公表の前日または当日であるから，答申書の最終版はその時点までに完成していれば足りる。もっとも，これまで記載してきたとおり，答申書は複数の要素を含む大部なものであり，その作成にも相当程度時間がかかることが予想されることから，作成自体はより早期から可能な範囲で進めておく必要がある。

(6) その他

　答申書に対する各特別委員（作成者）の押印の要否については，①取締役会に対して答申を行うというフォーマリティが求められる書類であること，②仮に価格決定手続が生じた場合には答申書も証拠書類として裁判所に提出されう

ること等を踏まえると，可能な限り押印を行うことが望ましいであろう。

　また，作成された答申書について，答申書自体の開示は法的に必要なく，その要約が開示書類に載るにとどまる点については前記第3章3(3)②のとおりである。一方で，東証は，上場会社が支配株主等との間で重要な取引等を行う場合には「支配株主との間に利害関係を有しない者による，上場会社又はその子会社等による決定が少数株主にとって不利益なものでないことに関する意見の入手」を義務づけており[30]，また，東証または自主規制法人は，必要に応じて，上場会社が支配株主との重要な取引等に関する適時開示を行った際などに，企業行動規範に基づく手続の履行状況を証明する書類の提出等を求めることがある旨を開示している[31]。この点，親会社による上場子会社の完全子会社化は上記「支配株主等との間で重要な取引等を行う場合」に該当し，また，答申書は「支配株主との間に利害関係を有しない者による，上場会社又はその子会社等による決定が少数株主にとって不利益なものでないことに関する意見」にほかならない。したがって，親会社による上場子会社の完全子会社化の場合，東証から答申書本体の提出を求められる場合があり，それを拒むことは難しい点にご留意いただきたい。

　なお，実例の動向として，伊藤忠商事株式会社の子会社（リテールインベストメントカンパニー合同会社）による株式会社ファミリーマートを対象会社とする公開買付け（親会社による完全子会社化）においては，スクイーズ・アウト手続の過程で，一部の株主から価格決定の申立てがなされ，当該株主に対して交付されるべき公正な価格は，公開買付価格（1株当たり2,300円）よりも高額な価格（1株当たり2,600円）である旨の決定がなされている[32]。当該事例においては，まず，①二段階取引（公開買付けの後にスクイーズ・アウト手続が行われる事例等）においては，当該取引によってシナジー効果その他の企業

---

[30] 有価証券上場規程441条の2，有価証券上場規程施行規則436条の3
[31] 東証適時開示ガイドブック456頁
[32] 東京地決令和5年3月23日。なお，当該決定に対しては，申立人である株主の一部，被申立人である株式会社ファミリーマート双方が抗告を行っており，公表情報上，現時点でも係属中である。

価値の増加が生じない場合以外では，原則として，株式買取請求における「公正な価格」とは公開買付けや株式併合後の端数処理により株主に分配される価格が公正なものであったならば当該株式買取請求がされた日においてその株式が有していると認められる価値をいうものと解することが相当であること[33]，②相互に特別の資本関係がある会社間（親子会社等）においても，一般に公正と認められる手続により公開買付けが行われ，その後の株式併合における端数処理においても端数相当株式が公開買付価格と同額で取得された場合には，当該取引の基礎となった事情に予期しない変動が生じたと認めるに足りる特段の事情がない限り，裁判所は「公正な価格」を公開買付価格と同額とすることが相当であること[34]について，過去の事例に照らして言及した上で，③意思決定過程が恣意的になることを排除して取引条件の公正さを担保するための措置が十分に講じられなかったために，一般に公正と認められる手続により公開買付けが行われたと評価できないときは，原則として，仮に一般に公正と認められる手続により公開買付けが行われていたならば公開買付価格となったであろう金額を推定し，特段の事情のない限り当該金額をもって株式買取請求における「公正な価格」とすることが相当であると考えられる旨が示されている。その上で，当該事例においては，対象会社に設置された特別委員会において，(i)事業計画等を踏まえた特別委員会自身の財務アドバイザー等からの助言に基づき，当初はより高額の公開買付価格を求めるという交渉方針を決定していたにもかかわらず，交渉過程で公開買付者が提案価格を一向に引き上げず，むしろ非推奨意見であっても本件取引を実現する意向を示す中で，対象会社の経営陣（会長・社長）からも，非推奨意見で本件公開買付けを実施しても悪影響は生じないなどとして本件取引についての結論を早く出したい旨の意向が述べられると，上記交渉方針を十分な検討もなく放棄して，対象会社による応募推奨の意見が得られないとしても公開買付けの実行を優先するという公開買付者および対象会社経営陣の意向を受け入れて方針転換したこと，(ii)かかる交渉方針の転換に

---

33 最決平成24年2月29日民集66巻3号1784頁
34 最決平成28年7月1日民集70巻6号1445頁

際しては，事業計画に対する特別委員会の見解を変更する理由や，特別委員会のアドバイザーが算定したDCF法による算定結果のレンジの下限を下回るものである提案価格であるにもかかわらず，当該価格が一般株主にとって妥当な金額の範囲に収まっていると判断するに足りる合理的な根拠も示していないこと等を踏まえると，特別委員会は，相互に特別の資本関係がある対象会社および伊藤忠商事株式会社（公開買付者の完全親会社）から独立した立場から，対象会社の意思決定過程が恣意的になることを排除するための機関として，その役割を十分に果たしたものとは評価できず，一般株主にとってできる限り有利な取引条件の獲得に向けた検討・交渉を行うという手続は遂行されておらず，一般に公正と認められる手続によって行われた公開買付けではないこと等を理由として，上記判断がなされている。

このように，対象会社の意思決定過程が恣意的になることを排除するための機関としての特別委員会の機能について，特別委員会が独自のアドバイザーを選任し交渉に実質的に関与していたものの，特別委員会における具体的な検討過程および対応状況に照らしてその機能を否定した事例が登場したことを踏まえ，今後は，特別委員会が対象会社および公開買付者から真に独立した立場で役割を果たしている（したがって公開買付けの公正性を担保するための機関として有効に機能している）と認められるかについて，より慎重な検討が必要になっていくことであろう。具体的には，特別委員会における議論・検討の状況および推移について，より客観的・合理的な説明が求められることに加え，これに関連して，特別委員会の対象会社および公開買付者からの独立性（を担保するための態勢）について，より一層慎重な検討・対応が求められるものと思われる。特に，特別委員会独自のアドバイザーの選任要否[35]やマジョリティ・

35　上記ファミリーマートの事例では，公開買付価格は，対象会社が選任した財務アドバイザーによるDCF法の算定レンジには入っていたものの，特別委員会が独自に選任した財務アドバイザーによるDCF法の算定レンジの下限を下回っていた。また，上記およびプレミアム水準が類似事例と比べて低い状況であるにもかかわらず，非推奨意見でも当該取引を実施することが優先されたことが公開買付手続の公正性を否定する事情として挙げられている。当該事例を踏まえれば，対象会社から独立した特別委員会独自のアドバイザーを選任することには一定の意義があると考えられることに加え，特別委員会としては，対象会

オブ・マイノリティ（前記5(5)②参照）の設定[36]要否等，従前は特別委員会の独立性との関係で実務上一般的には必ずしも十分な対応がとられてこなかった場合もある（特別委員会独自のアドバイザーについては後記第5章3(2)，マジョリティ・オブ・マイノリティについては前記5(5)②参照）点についても，今後は具体的な案件の状況や裁判例および実務の動向等を踏まえ，どの程度までの対応が必要か慎重に検討することが望ましいと考えられる。

社のアドバイザーと自らのアドバイザーの意見が相違するような場合には，自らのアドバイザーの意見を原則として尊重するべき（仮に異なる判断をする場合には十分な根拠と説明が求められる）と考えられる。

36 上記ファミリーマートの事例においても，公開買付けへの株主の応募がマジョリティ・オブ・マイノリティが設定される場合の下限を下回っていたことを，手続の公正性を否定する一要素として挙げている。

第5章

特別委員会の組成・人選

1　組成の実態

(1)　設置時期

　公正M&A指針においては，対象会社が買収者から買収提案を受けた場合は，可及的速やかに，特別委員会を設置することが望ましいと記載されている（公正M&A指針3.2.4.1）。これは，特別委員会が，公正性担保措置として重要な機能を有するところ，取引の初期から手続全般に関与させ，取引条件の形成過程全般に当該機能を果たさせることが望ましいとされていること（公正M&A指針3.2.2，3.2.3）とも整合する。公正M&A指針公表後（2019年6月28日以降），2023年12月31日までに公表された他社株公開買付けによるMBO案件59事例において，対象会社が買収者から買収提案を受けるなど特別委員会の設置の契機となる事象が発生後，特別委員会が設置されるまでの期間が開示資料から把握できる案件は42例であり，当該期間の平均は約12.68日間，中央値は約11日間である。他方，公正M&A指針公表後（令和元年6月28日以降），令和5年12月31日までに公表された支配株主による子会社化等案件84例[1]においては，当該期間が開示資料から把握できる案件は53例であり，当該期間の平均は約24.25日間，中央値は約17日間であり，これらの期間の差異については開示資料から必ずしも明らかではないものの，確認対象とした子会社化等案件のほうが確認対象としたMBO案件よりも特別委員会設置までの期間がやや長い傾向にある（なお，確認対象とした子会社化等案件において，契機から設置までの期間が1年以上の事例があるため（イオン株式会社による令和元年12月10日付マックスバリュ東北株式会社に対する公開買付け），平均値および中央値が高めに算出されているが，当該案件を除いた平均値は17.28日間，中央値は17

---

[1]　支配株主による従属会社の買収案件（うち1件が株式売渡請求，14件が株式交換，69件が公開買付けの方法による）を意味する。以下同じ。

〈表5－1〉特別委員会設置の契機から，実際に設置されるまでの期間

	最も早い設置	最も遅い設置	平均値	中央値
MBO案件	0日（契機当日）	52日	12.68日	11日
子会社化等案件	0日（契機当日）	373日[2]	24.25日	17日

日間となる）。なお，特別委員会の設置の契機は，公正M&A指針においては「買収提案を受けた場合」とあるところ（公正M&A指針3.2.4.1），実務上のきっかけとしては提案書受領が多く，その他の契機としては協議・交渉の申し受け，意向表明の受領，法務アドバイザーからの法的助言を受けたこと等が挙げられる。なお，令和3年のコーポレートガバナンス・コードの改訂を受けて，常設の特別委員会が設置されるケースが今後増えると予想される点は前記第3章5をご参照いただきたい。

実務上，特別委員会は取締役会決議によって設置されることが多い[3]。当該取締役会においては，一般的に，特別委員会の設置，委員の選定，特別委員会に対する諮問事項，特別委員会の権限，特別委員会の判断内容をどこまで尊重するか，委員の報酬（体系），その他特別委員会の運営に関する事項等の決議を行うことが考えられる。また，社外取締役に対する業務執行の委託の決議（会社法348条の2）に関しては前記第3章をご参照いただきたい。

---

2 なお，2番目に遅い設置は83日である。
3 公正M&A指針は，取締役会に期待される役割を補充・代替するものとして特別委員会を位置づけるとともに，節々で特別委員会設置に際しての取締役会決議に言及していること（公正M&A指針脚注32等）などから，取締役会決議により特別委員会を設置する典型的ケースを想定しているように思われるといった指摘や，取締役会において，特別委員会の権限や特別委員会の判断の取締役会における取扱いなどをあらかじめ定めた上で特別委員会を設置するほうが，買収者との交渉局面を含む取引条件の形成過程における特別委員会の影響力が増し，手続の公正性に資する程度は大きいとの指摘がなされている（石綿学＝内田修平「「公正なM&Aの在り方に関する指針」の意義と実務への影響〔中〕」旬刊商事法務2210号37頁）。他方で，取締役会決議を適時に経ることが可能なのであれば取締役会決議を経て特別委員会が設置されることとなるであろうが，情報管理の要請等，買収提案を取り巻く状況はさまざまであり，独立社外取締役等で構成される合議体による決定など，個別事案に応じて柔軟な選択肢をとるほうが適切な場合もあろうとの指摘もなされている（武井一浩＝松尾卓也「M&A指針を踏まえた上場企業M&A実務の留意点」経済産業省監修『公正なM&Aの在り方に関する指針』の解説』（商事法務，令和2年）146頁）。なお，開示書類上は明らかではないが，筆者らが把握する限りにおいても，特別委員会の設置について取締役会決議を経ていない事案もある。

取締役会議事録における議案のサンプルは第3章4(1)のとおりである。役割や権限事項を含めあくまでも一例であり，実際の案件にあわせて修正が必要な点にご留意いただきたい。

　なお，実務的には，特別委員会は，（前記のとおり，常設されるものを除き，）M&Aに際して一時的に設置される会議体であるため，特別委員会の運営に関する事項等を定めた特別委員会規程を策定することは一般的ではないように思われる。もっとも，敵対的買収案件や複数の買収提案が乱立するような案件における特別委員会のように，継続的な対応が必要になる可能性がある事例や有事導入型買収防衛策における特別委員会を兼ねる事例においては，特別委員会の役割や権限についてあらかじめ明確に定めるべく，取締役会決議をもって特別委員会規程が策定されることもあるようである。

　M&Aへの賛否等を決定する対象会社の取締役会決議においては，会社法上，「特別の利害関係を有する取締役」は議決に加わることができず，取締役会の定足数からも除外されるが（会社法369条2項），「特別の利害関係」とは，特定の取締役が，当該決議について，会社に対する忠実義務を誠実に履行することが定型的に困難と認められる個人的利害関係または会社外の利害関係を意味すると解されており（落合誠一『会社法コンメンタール8―機関(2)』（商事法務，令和4年）293頁），特別利害関係の範囲は解釈に委ねられているため，比較的容易に特別利害関係の有無を判断できる場合もあるが，個別事案ごとに判断せざるをえない場合が出てくる。たとえば，対象会社の特定の取締役が，MBO案件において当該買付けにより株式を取得することを企図している場合や，対象会社の特定の取締役が当該買付けの買付者の代表取締役を兼任している場合の当該取締役は，当該案件につき対象会社との利益相反があり，M&Aへの賛否等を決定する意見表明に係る対象会社の取締役会決議において特別の利害関係を有すると考えられる。また，上場子会社の子会社化案件において，親会社である買付者の取締役（代表取締役ではない）と対象会社の取締役（代表取締役ではない）を兼任しているにすぎない場合，その利害関係は間接的なものにすぎないため，買付者および対象会社において特別利害関係には該当しないと

解されている[4]（落合・前掲295頁）。他方で，たとえば，買付者の取締役と対象会社の代表取締役を兼任している場合には，個別事案ごとに判断せざるをえないように思われる。この場合，対象会社において，特別利害関係ありと整理することも考えられるが，当該代表取締役が対象会社の意思決定や交渉等から外れることは妥当ではない場合もありうるところ，このような場合には，利益相反を回避する観点から，親会社である買付者の審議・決議には参加せず，対象会社の立場でのみ当該M&Aの交渉等に参加し，対象会社において特別利害関係はないとの整理もありうるように思われる。

　もっとも，公正M&A指針上は，取引条件の形成過程において構造的な利益相反の問題による影響を排除する観点からは，上記の取締役会決議の段階だけでなく，その前の検討・交渉段階から，個別のM&Aの具体的状況に応じて，「特別の利害関係を有する取締役」も含む一定の利害関係を有する取締役等を対象会社における検討・交渉過程から除外する等，可能な限り買収者から独立した立場で検討・交渉等を行うことができる体制を対象会社の社内に構築することが考えられるとされている（公正M&A指針3.2.6）。これに関連して，上記特別委員会の設置に係る取締役会の審議および決議から，当該M&Aと「特別の利害関係を有する取締役」（会社法369条2項）に加えて，事実上一定の利害関係を有する取締役等も除外するべきかが問題となりうる。

　この点，公正M&A指針においては，特別委員会の設置の判断，権限と職責の設定，委員の選定や報酬の決定については，対象会社の独立社外取締役や独立社外監査役が，主体性を持って実質的に関与することが望ましいとされており（公正M&A指針3.2.4.3），利益相反性を有する取締役の関与は想定されていないように見受けられ，また，利益相反の疑いのある取締役が当該取締役会に参加または関与することについては，実務上，これまでも，慎重な対応がとられてきたとされている（武井＝松尾・前掲注3，148頁）。さらに，特別委員会の設置趣旨が当該M&Aに係る構造的な利益相反の問題を解消する点にある

---

[4] もっとも，この場合であっても，実務上，意見表明に係る取締役会決議には参加しないこととなる点については，〈表5－2〉も参照されたい。

ことから、当該M&Aと一定の利害関係等を有する取締役が特別委員会の設置に係る取締役会の審議および決議に関与していると、当該決議に基づき設置された特別委員会の独立性に疑義が生じかねないため、当該M&Aと一定の利害関係等を有する取締役については、「特別の利害関係を有する取締役」（会社法369条2項）に該当するか否かを問わず、特別委員会の設置に係る取締役会の審議および決議から除外することが望ましいと考えられる。

したがって、実務上は、当該一定の特別利害関係等を有する取締役を除外した上で決議する（場合によっては二段階決議^{（※）}とする）ことが慎重な対応となる5。取締役会議事録における一定の特別利害関係等を有する取締役を除外する場合の記載例は以下のとおりである。あくまでも一例であり、実際の利益相反状況等に合わせて修正が必要な点にご留意いただきたい。

（※）第一段階目の決議として、特別利害関係取締役に該当する可能性がある取締役および一定の利害関係のある取締役を広く除外した取締役にて決議を行い、さらに、会社法369条に定める取締役の定足数を確保する観点から、第二段階目の決議として、特別利害関係がない取締役のうち、相対的に利益相反のおそれが低いと考えられる取締役を加えた取締役にて改めて審議の上決議を行う、二段階の決議をいう。

　冒頭、議長は、本日付議される議案が当社の親会社である○○株式会社（以下「○○」という。）から受領した提案に関連する議案であり、同提案は○○が当社を完全子会社化するための一連の取引について提案するものであるところ、△△取締役は○○の代表取締役を現在兼務していること、□□取締役は○○の取締役を現在兼務していることから、いずれも特別利害関係取締役に該当する可能性があるため、本議案には参加していない旨を確認し、以下の議事を進行した。

5　この点、特別委員会の設置に係る取締役会決議について、公開買付者の役職員を兼任している対象会社取締役は、当該取引が構造的な利益相反の問題および情報の非対称性の問題が類型的に存する取引であるとして、公開買付者と役職員を兼任している取締役を審議および決議から除外していることをプレスリリースに明記している例として株式会社フルスピードによる令和4年4月11日付による「支配株主であるフリービット株式会社による当社株式に対する公開買付けに関する賛同の意見表明及び応募推奨のお知らせ」がある。

たとえば，親会社による従属子会社の完全子会社化の案件で，対象会社の取締役が7名（取締役A（親会社の取締役を現に兼任），取締役B（親会社の（対象会社ではない）子会社の取締役を1年前まで兼任しており，そのさらに前の2年間は親会社の執行役員を兼任），取締役C（親会社の（対象会社ではない）子会社の執行役員を3年前まで兼任，対象会社事業に精通し，対象会社の事業計画の策定に大きく寄与した役員），取締役D（親会社の代表取締役を現に兼任），取締役E（親会社の従業員であって，対象会社の主要事業を取り扱う事業部門の担当者），親会社と関係性を有しない独立社外取締役2名）就任しているような仮説事例において，特別委員会の設置に係る取締役会決議の参加者については，以下のように考えられる[6]。

　まず，取締役Dは，親会社の代表者であるところ，当該M&Aにおいて親会社と対象会社は構造的な利益相反関係にあることから，会社法上の特別利害関係取締役（会社法369条2項。356条1項，365条1項参照）に該当するため，審議および決議から除外すべきである。取締役Aは，会社法上の特別利害関係取締役に該当しないものの，現に親会社の取締役を兼任しているため，親会社からの影響を排除する観点から，審議および決議から除外すべきである。同様に，取締役Eも会社法上の特別利害関係取締役には該当しないものの，現に親会社の従業員を兼任しているため，親会社からの影響を排除する観点から，審議および決議から除外すべきである。また，取締役Bは，現在は親会社の役員ではないものの，親会社グループの役職員を当該M&Aの1年前までは兼任しており，当該M&Aにおいて親会社グループと利益相反のおそれがないとは言いきれないことから，利益相反のおそれがあるとして，審議および決議から除外することが考えられる[7]。他方，取締役Cは，親会社の（対象会社ではない）子会

---

[6] なお，これは仮説事例に基づく整理であり，具体的事案においては，当該事案に沿った別途の検討が必要になる。
[7] 親会社グループの役職員を当該M&Aの1年前までは兼任していたことをもって利益相反のおそれがあるとするかは評価が分かれるところであると思われ，取締役Cのように，本件取引に必要不可欠である場合には，審議および決議に参加させるという整理もありうるように思われる。

社の執行役員を3年前まで兼任しているものの，現に親会社グループの役職員ではなく，子会社の執行役員を辞めてから3年が経過しており，独立性が相当程度認められる一方，対象会社事業に精通し，対象会社の事業計画の策定に大きく寄与しており，本件取引において必要な役員であることから，審議および決議から除外しないことが考えられる。取締役会決議の定足数は，会社法上の特別利害関係取締役であるDを除く6名の過半数であり，4名である。したがって，社外取締役2名と取締役Cの3名だけでは定足数を満たさないため，まずは取締役Cおよび社外取締役2名の3名のみで決議を行い（第一段階目の決議），その後（AおよびEより利益相反性の薄い）取締役Bを入れた取締役4名にて改めて決議をすることで，会社法の定足数を満たす（第二段階目の決議）。

〈表5－2〉特別委員会設置に係る取締役会決議に参加できる取締役

取締役	会社法上の特別利害関係の有無	一定の利害関係の有無	取締役会決議への参加可否
A（親会社の取締役を現に兼任）	×	○	第一段階：× 第二段階：×
B（親会社の（対象会社ではない）子会社の取締役を1年前まで兼任，そのさらに前の2年間は親会社の執行役員を兼任）	×	○	第一段階：× 第二段階：○
C（親会社の（対象会社ではない）子会社の執行役員を3年前まで兼任，対象会社事業に精通し，対象会社の事業計画の策定に大きく寄与）	×	×	第一段階：○ 第二段階：○
D（親会社の代表取締役を現に兼任）	○	○	第一段階：× 第二段階：×

E（親会社の従業員であって，対象会社の主要事業を取り扱う事業部門の担当者）	×	○	第一段階：× 第二段階：×
社外取締役2名	×	×	第一段階：○ 第二段階：○

　なお，特別委員会の設置に係る取締役会の審議および決議に関するものではないが，一定の利害関係を有する取締役として，M&Aへの賛否等を決定する対象会社の取締役会決議から除外されたものとして，以下のような記載例があり，上記のとおり，特別委員会の設置に係る取締役会の審議および決議に関しても同様の議論が当てはまるため，参考となる。

〈MBO：コマニー株式会社による令和4年5月10日付「MBOの実施及び応募の推奨に関するお知らせ」〉

> 上記の取締役会においては，当社の代表取締役会長執行役員であるA氏，代表取締役社長執行役員であるB氏及び取締役常務執行役員であるC氏は，上記「(4)本公開買付け後の組織再編等の方針（いわゆる二段階買収に関する事項）」に記載の本スクイーズ・アウト手続を公開買付者と共同して行うこと，本公開買付後，公開買付者の株式を取得することから，本取引において特別の利害関係を有しており，審議及び決議には一切参加しておらず，また，当社の立場において公開買付者との協議及び交渉には一切参加しておりません。

〈子会社化等案件：株式会社クリエアナブキによる令和4年12月10日付「支配株主である穴吹興産株式会社による当社株式に対する公開買付けに係る賛同の意見表明及び応募推奨に関するお知らせ」〉

> なお、上記取締役会においては、当社の取締役3名のうち、A氏については、公開買付者の取締役を兼任していることから、また、B氏については、公開買付者の役職員との兼任関係はないものの、公開買付者の子会社である株式会社穴吹トラベルの取締役を兼任しており、2017年9月22日まで公開買付者の取締役を、2019年9月26日まで公開買付者の執行役員を兼任していたことから、利益相反のおそれを回避する観点より、まず、(i)A氏及びB氏を除く取締役1名（C氏）にて上記の決議を行った後、さらに、会社法第369条に定める取締役の定足数を確保する観点から、(ii)公開買付者の取締役を兼任しているA氏と比較して、相対的に利益相反のおそれが低いと考えられるB氏を加えた2名の取締役において改めて審議の上、その全員一致で再度上記と同様の決議を行うという二段階の決議を経ております。
>
> また、A氏は、利益相反のおそれを回避する観点より、上記取締役会の審議及び決議には参加しておらず、当社の立場において本取引に関する検討並びに公開買付者との協議及び交渉に参加しておりません。さらに、B氏は、取締役会の定足数を確保する観点より、上記取締役会の二段階目の審議及び決議には参加したものの、利益相反のおそれを回避する観点より、当社の立場において本取引に関する検討並びに公開買付者との協議及び交渉に参加しておりません。

(2) 委員の構成

① 独立性

　特別委員会が、構造的な利益相反に対して公正性担保措置として機能する根拠は、委員会が独立性を有する委員によって構成されるからであるところ、個々の委員は高度な独立性を有することが望ましい。ここで特別委員会の委員に求められる独立性は、①買収者からの独立性、および②当該M&Aの成否からの独立性であり、これらの独立性は、企業価値の向上および対象会社の一般

株主の利益を図る立場から，適切な判断を行うことが一般的に期待できるかという観点から，個別案件ごとに実質的に判断されるべきとされている（公正M&A指針3.2.4.2 A）。①買収者からの独立性の判断に関しては，支配会社による従属会社買収の場合における過去に支配会社役職員であった者の取扱いについては，少なくとも過去10年以内に支配会社役職員であったことがない者が望ましいとされ，この他には，東京証券取引所「上場管理等に関するガイドライン」Ⅲ5．(3)の2に定める独立役員の独立性基準も参考になるとされている（公正M&A指針3.2.4.2 A）。なお，社外取締役または社外監査役が独立性の基準を満たすものの，所属する会計事務所や法律事務所が買収者との間で一定の取引があるような場合，特別委員としての適否は別途検討が必要となるであろう。この場合，当該所属団体と買収者との間の取引高が，当該所属団体や買収者の売上高等の規模等に比較した割合を考慮することが考えられる。このような場合の開示事例は前記第3章3(4)の総合メディカルホールディングス株式会社による令和4年2月5日付「MBOの実施及び応募の推奨に関するお知らせ」をご参照いただきたい。

　社外取締役は後記2(1)のとおり，特別委員会の委員に就任する例が多いところ，社外取締役がかかる職務を果たした場合に，当該対象会社の「業務を執行した」として，社外取締役の要件に該当しなくなり，社外取締役の職位喪失を懸念した社外取締役と対象会社との間の独立性に疑義が生じるかが問題となりうる。この点については，前記第3章4(1)をご参照いただきたい。

② 属性・専門性

　特別委員会は，構造的な利益相反の問題による影響を排除するための公正性担保措置としての機能を確保する観点から，社外取締役，社外監査役または社外有識者で構成されることが望ましいとされている（公正M&A指針3.2.4.2 B）。

　社外役員は，社外取締役については直接的に，社外監査役については間接的に，対象会社の取締役会への出席等を通じて経営に関与していることから，対象会社の事業に一定の知見を有していることも踏まえ，特別委員会の委員とし

て適任であると考えられている（公正M&A指針3.2.4.2B）。

　社外役員を，独立性等の問題により委員として選任することに支障がある場合，社外有識者を選任することが多い。この場合の社外有識者とは，弁護士，会計士，税理士等の専門家の場合が多く，M&Aに関する専門性（手続の公正性や企業価値評価に関する専門的意見）を補う役割が期待される。

　なお，社外取締役がM&Aに関する専門性を有しないことのみをもって，特別委員会の委員として選任しないことの正当事由とはならず，後記第5章3のとおり委員として最も適任である社外取締役のみで構成し，M&Aに関する専門性はアドバイザー等から専門的助言を得ること等によって補うという形態が望ましいとされている（公正M&A指針3.2.4.2B）。これは，社外取締役が，会社法上会社に対して負う義務および責任を背景に，アドバイザー等の専門的助言等も活用しつつ，特別委員会を適切に運営することが求められており，M&Aに関する専門的判断を自ら下すことが期待されているわけではないためである。公正M&A指針においては，上記説明は社外取締役に限定されているものの，社外取締役の次に特別委員会委員として適任と考えられている社外監査役についても同様に，後記第5章2(2)のとおり，間接的に対象会社の経営に関与していることを踏まえると，同趣旨が適用されるものと考えられ，M&Aに関する専門性を有しないことのみをもって，特別委員会の委員として選任しないことは正当化されないと考えられる。また，M&Aの是非や取引条件に係る意見および判断は，対象会社の事業運営に係る判断として，取締役の経営判断が求められるところ，対象会社の経営に直接・間接に関わってきている社外役員が，その独立性も踏まえた立場から，当該M&Aについて公正な意見を示すことが期待されている。

　このように，公正M&A指針においては，「専門性」については，アドバイザー等から専門的助言を得ること等によって補うことが可能であることから，社外役員か否かという「属性」のほうをより重視すべきである，という基本的な考え方が示されているといえよう（武井＝松尾・前掲注3，147頁）

(3) 委員の選定プロセス

　特別委員会の設置および委員の選定等，特別委員会の権限や職責を定める過程においても，構造的な利益相反の問題による影響を可能な限り排除すべく，対象会社の独立社外取締役や独立社外監査役が実質的に関与することが望ましいとされている（公正M&A指針3.2.4.3）。前記第4章1のとおり，特別委員会の設置および委員の選定等，特別委員会の権限や職責を定める場面は，M&A案件が始まって早期に到来するので，対象会社の独立社外取締役や独立社外監査役に対し，早期に情報を共有し，実質的に関与してもらう必要があるという点をあらかじめ意識しておくことが望ましい。

　なお，実務上，対象会社の取締役会は，当該M&A案件の法務アドバイザーとして起用する弁護士等の助言を得つつ，独立社外取締役および独立社外監査役の独立性および特別委員会の委員としての適格性も確認の上，独立社外取締役および独立社外監査役と協議し，特別委員会の委員を選定することが一般的である。この点，当初より社外役員の一部が当該M&Aからの独立性を欠くことが明らかである場合には，当該社外役員は，当該M&Aとの関係では，独立社外取締役または独立社外監査役に該当しないものとして取り扱うことが適当と考えられている[8]。

2　特別委員の候補者

　特別委員会の独立性は，構造的な利益相反の問題に対応する公正性担保機能を確保するために肝要であり，特別委員会の委員となる者は高度な独立性を有することが望ましい。公正M&A指針によれば，特別委員会の委員となる者に

---

[8] 越智晋平「「公正なM&Aの在り方に関する指針—企業価値の向上と株主利益の確保に向けて—」の解説」経済産業省監修『「公正なM&Aの在り方に関する指針」の解説』（商事法務，令和2年）25頁

ついては、①買収者からの独立性、および②当該M&Aの成否からの独立性が求められるべきとされている（公正M&A指針3.2.4.2 A）。

また、公正M&A指針では、特別委員会の委員としては、一般的には、社外取締役、社外監査役、社外有識者の順番で望ましいとされている（公正M&A指針3.2.4.2 B）。もっとも、たとえば、金融商品取引所が定める独立役員の独立性基準は満たすものの、買収者と何らかの関係性があることから独立性に疑義がある場合、当該独立社外取締役や独立社外監査役よりも、買収者から完全に独立している社外有識者のほうが特別委員の委員として望ましい場合もあるように思われ、委員の選定については、上記の順番のみならず、個別具体的な事情を踏まえ、慎重な検討を要する。

(1) 社外取締役

社外取締役は、株主総会において選任された取締役として、会社法上の義務および責任を負い、株主からの責任追及の対象ともなりうること、また、取締役会の構成員として経営判断に直接関与することが本来的に予定されており、対象会社の事業にも一定の知見を有していることからして、特別委員会の委員として最も適任であるとされている（公正M&A指針3.2.4.2 B a)）。特別委員会の委員は、原則として、独立性を有する社外取締役の中から選任することが望ましい。

(2) 社外監査役

社外監査役は、社外取締役とは異なり、本来的に経営判断に直接関与することが予定されている者ではないものの、取締役会への出席や意見陳述義務、取締役の違法行為の差止請求等を通じて、間接的な形で経営に関与することが予定されている。そして、社外取締役と同様に、株主総会において選任され、会社法上の義務および責任を負い、株主からの責任追及の対象ともなりうること、

対象会社の事業にも一定の知見を有していることからして，社外取締役の次に，類型的に特別委員会の委員としての適格性を有すると考えられている（公正M&A指針3.2.4.2 B b))。

(3) 社外有識者

社外有識者は，株主総会において選任されているわけでもなく，会社や株主に対する責任関係も不明確であり，株主による直接的な責任追及も困難であるため，一般株主の利益を図る立場から当該M&Aの是非は取引条件の妥当性，手続の公正性について検討・判断することが期待されている特別委員会の委員としての適格性は，社外役員を補完する程度と考えられる。

確認対象としたMBO等における，社外有識者の属性は〈表5－3〉のとおりである。社外有識者のうち，弁護士を起用している事例が，公認会計士や税理士を起用している事例に比して多い。前記第2章2のとおり，特別委員会は個別のM&Aにおいていかなる公正性担保措置をどの程度講じるべきかの検討を行う役割を担うことが期待されていることから（公正M&A指針3.2.2），特別委員にM&Aを専門とする法的専門家である弁護士がいない場合には，社外有識者には，M&Aを専門とする法的専門家である弁護士の起用が適しているケースは多い（なお，下記3(1)のとおり，特別委員会の委員に弁護士が1人もいない案件は104件中10件のみとなっている）。

〈表5-3〉社外有識者の起用状況[9]

	社外有識者を起用	うち，弁護士を起用	うち，公認会計士を起用	うち，税理士を起用
MBO案件 (全59件)	41件 (80.39%)	31件 (54.54%)	28件 (47.46%)	8件 (13.56%)
子会社化等案件 (全84件)	46件 (54.76%)	34件 (40.48%)	22件 (26.19%)	5件 (5.95%)

3 特別委員の構成

(1) 委員の数・属性

　特別委員会の委員の数については，実務上，3名とすることが多い。委員数3名の特別委員会は，〈表5-4〉のとおり，確認対象としたMBO案件では約66.10%，確認対象とした子会社化等案件では約71.43%にも及ぶ。公正M&A指針公表後MBO案件および子会社化等案件において3名未満の特別委員会や，6名以上の特別委員会は不見当であるため，特別委員会の委員数は3名から5名の間とする実務が定着していると言える。

〈表5-4〉特別委員会の委員数

	3名	4名	5名
MBO案件 (全59件)	39件 (66.10%)	15件 (25.42%)	5件 (8.48%)
子会社化等案件 (全84件)	60件 (71.43%)	21件 (25.00%)	3件 (3.57%)

9　一部，弁護士，公認会計士，税理士の兼務者を含むため，延べ人数である。

特別委員会の委員には社外役員だけではなく，社外有識者も含まれることは前記2⑶のとおりであるが，社外有識者が委員に就任していない事例においても，社外役員が弁護士や公認会計士である等，有資格者が委員となっている例が多い。公正M&A指針公表後，弁護士，公認会計士または税理士が特別委員会委員となっていない確認対象としたMBO等案件は，確認対象としたMBO案件の4例，および子会社化等案件の4例のみであった〈表5－5〉。公正M&A指針制定前から，弁護士や公認会計士等の専門家を特別委員会の委員とすることにより，外部アドバイザーの起用に要するコストを節約しつつ，専門的な機能を特別委員会に内在させるという取り組みが実務上多かったが（石綿＝内田・前掲注3，39頁），公正M&A指針制定後も，その傾向は大きく変更していないことがうかがわれる。

〈表5－5〉弁護士・公認会計士・税理士の有資格者委員の有無

	有資格委員が不存在	弁護士不存在	公認会計士不存在	税理士不存在
MBO案件 （全59件）	4件 (6.78%)	12件 (20.34%)	16件 (27.12%)	40件 (67.80%)
子会社化等案件 （全84件）	4件 (4.76%)	8件 (9.52%)	29件 (34.52%)	66件 (78.57%)

⑵　**外部アドバイザー**

　特別委員会が設置されるようなM&A案件においては，対象会社側の外部アドバイザーとして財務アドバイザー・第三者評価機関や法務アドバイザーが選任されることが多い。特別委員会の権限の1つとして，対象会社取締役会にて選任された財務アドバイザー・第三者評価機関や法務アドバイザーについて独立性および専門性に問題がないとして，当該選任を事後的に承認する権限が付与される例が多い。特別委員会がその役割を十分に果たす上では，手続の公正性や企業価値評価に関する専門的知見に基づいて検討・判断することが必要と

なるところ，上記(1)のとおり，特別委員会の委員自身においてはこのような専門性を十分に有していない場合も少なくないと考えられる。このような場合をはじめとして，特別委員会が信頼して専門的助言を求めることができる財務アドバイザー・第三者評価機関や法務アドバイザーが存在していることが望ましく，特別委員会が独自の外部アドバイザーを選任する権限を付与されている事例もある（公正M&A指針3.2.4.5）。特別委員会が独自の外部アドバイザーを起用していた事例は，確認対象としたMBO案件59件中8件，子会社化等案件84件中24件である。特別委員会が独自の外部アドバイザーを起用していない事例においては，対象会社の選任した外部アドバイザーの独立性および専門性等に問題がないことを確認した上で，その専門的助言を信頼することも許容されており（公正M&A指針3.2.4.5），実務上もそのように運用されている。

(3) 特別委員選定の具体例

たとえば，親会社による従属子会社の完全子会社の案件で，社外取締役3名（社外取締役A（独立役員届出あり），社外取締役B（7年前までは親会社従業員），社外取締役C（11年前までは親会社従業員）），および社外監査役2名（社外監査役D（独立役員届出あり，常勤），社外監査役E（独立役員届出あり，非常勤・弁護士））がいるような仮説事例において，特別委員会の委員として適切な者については以下のように考えられる[10]。前記2のとおり，特別委員として，社外取締役は社外監査役より望ましいとされており，買収者（親会社）と関係のない社外取締役Aは特別委員として最も適切と考えられる。社外取締役Bについては，前記1(2)①のとおり，親会社との役職員でない期間が10年以上あるものが望ましいため，不適切と考えられる。社外取締役Cについては，親会社の役職員出身であるものの，親会社との役職員でない期間が10年以上経過しているので，買付者（親会社）からの独立性はあると整理をし，（社外取締

---

[10] なお，これは仮説事例に基づく整理であり，具体的事案においては，当該事案に沿った別途の検討が必要になる。

役Aよりは適任ではないとしても,）特別委員の候補としても差し支えないと考えられる。社外監査役DおよびEについては，社外監査役が常勤，かつ，独立役員届出も行っていることから，非常勤監査役よりは対象会社の事業等への理解度が深いことも期待し，社外監査役Dは社外監査役Eよりも適任と整理することができる。他方，前記(1)のとおり，特別委員に弁護士は少なくとも1人はいたほうがいいとして,（社外取締役Aおよび社外取締役Bが対象会社の事業等への理解度が深い場合には）社外監査役Eのほうが適任であるとも整理できる事案もあると思われ，社外監査役Dと社外監査役Eのどちらが特別委員に適しているかはケースバイケースであると思われる（なお，社外監査役Dと社外監査役Eの両方を特別委員に選任することも考えられる。他方，社外取締役Cは10年以上経過しているものの，親会社出身ということで，社外監査役Dおよび社外監査役Eに劣後するという整理もでき，社外取締役C，社外監査役Dおよび社外監査役Eのうち，誰を特別委員とするかはケースバイケースであると思われる）。

〈表5－6〉特別委員会の構成例

社外役員	親会社との関係性・属性等	特別委員としての適否
社外取締役A	独立役員届出あり	◎
社外取締役B	7年前までは親会社従業員	×
社外取締役C	11年前までは親会社従業員	○
社外監査役D	独立役員届出あり，常勤	○
社外監査役E	独立役員届出あり，非常勤・弁護士	○

特定の社外役員を特別委員会の委員として選任していない案件においては，たとえば，下記のような記載が見受けられる。下例①は，特定の社外役員を特別委員会委員としていない理由を直接的に記載している例であるが，このような記載方法はあまり多く見受けられず，実例としては，例②のように，特定の社外役員が特別委員として適切ではない理由を記載せずに，役員ではない社外有識者がなぜ特別委員にふさわしいかを記載する例が多い[11]。

〈例①：株式会社アイ・オー・データによる令和4年2月9日付「MBOの実施及び応募の推奨に関するお知らせ」〉

> なお、当社の社外取締役であるX氏は、当社の株主かつ取引先である加賀電子株式会社の代表取締役に過去就任しており、現在も顧問を務めていることから、また当社の社外取締役であるY氏は、当社の第五位株主であるマクセル株式会社の代表取締役に過去就任していたことから、当社の株主の皆様からご覧になった際に独立性の観点から懸念をもたれる可能性も否定できず、また両氏共に当社の社外取締役として就任して間もないことも踏まえ、両氏を特別委員会の委員として選任しておりません。

〈例②：株式会社ホウスイによる令和4年2月28日付「支配株主である中央魚類株式会社による当社株式に対する公開買付けに関する賛同の意見表明及び応募推奨のお知らせ」〉

> 本特別委員会の委員のうち、Z氏は当社の役員ではありませんが、当社は、当社の事業内容について相当程度の知見があり、弁護士として本取引を検討する専門性・適格性を有すると判断されることから、ふさわしい人物であると考えています。

---

11 なお、例②においては、社外役員のうち、1名の社外監査役が特別委員に選任されておらず、その代わりに1名の社外有識者が選任されている。開示資料では特に理由等には触れられていないものの、当該社外監査役の代わりに社外有識者として弁護士が選任されているため、全体的な専門性のバランス等を考慮した結果と推測される。

4 特別委員の報酬

(1) 報酬の内容

　公正M&A指針は，特別委員会がその役割を十分に果たす上では，特別委員会委員に対して支払う報酬は，その責務に応じた適切な内容・水準のものであることが望ましく，社外役員については，その職責から特別委員会の委員としての職務を行うことは期待される一方で，特別委員会に係る職務は通常の職務に追加的に時間的・労力的貢献を要するため，元々の役員報酬には特別委員会の委員としての対価が含まれていない場合も想定されることを指摘する（公正M&A指針3.2.4.7）。

　確認対象としたMBO案件59件のうち，1件のみ社外取締役に対して報酬は支払わないと明記している例があり，当該事例においては，その理由として，社外取締役の職責に特別委員会委員としての職責も含まれるためとしている。また，確認対象とした子会社化等案件84件のうち，2件のみ社外役員（社外取締役および社外監査役）に対して報酬の支払がない旨明記している事例があり，当該事例においても同様に，その理由として社外役員としての報酬に特別委員会委員としての報酬も含まれるためとしている。なお，報酬の具体的な額については特段公表されていないものの，社外役員ではない外部委員を含む特別委員会委員全員に対して一切報酬を支払わないとしている例は見受けられない。

　上記のとおり，特別委員会委員のうち，少なくとも外部委員（社外有識者）については報酬を支払うことは当然の前提とされていると思われる。また，社外役員についても，通常の役員報酬に加え，別途の報酬を支払う事例が大多数である。社外役員に対して特別委員会の委員としての報酬を支払う場合の諸論点は，後記(2)をご参照いただきたい。

　委員に対して報酬を支払う場合，その報酬体系として，主に①固定額による

報酬および②時間単位（タイムチャージ）による報酬の2種類が考えられる。〈表5－7〉のとおり，①固定報酬による事例が確認対象としたMBO案件，子会社化等案件のいずれにおいても6割を超えている。公開買付けが成立することにより委員が成功報酬を受領する等，当該公開買付けの成否に応じて報酬が決まるような報酬体系は，当該公開買付けの公正性，委員の当該公開買付けからの独立性に疑義を生じさせるため，避けるべきであり（公正M&A指針脚注34），公正M&A指針公表後，MBO案件および従属会社買収案件において成功報酬体系または成功報酬を含む報酬体系を採用した事例は見受けられない。

〈表5－7〉 報酬体系

	固定[12]	時間単位[13]	固定または時間単位[14]	社外役員へ（通常の役員報酬以外）支給なしを明記	記載なし[15]
MBO案件 （全59件）	39件[16] (66.10%)	3件 (5.08%)	10件 (16.95%)	1件 (1.69%)	3件 (5.08%)
子会社化等案件 （全84件）	52件[17] (61.90%)	7件 (8.33%)	9件 (10.71%)	2件 (2.39%)	14件 (16.67%)

(2) 社外役員の報酬

公正M&A指針において指摘されているとおり，社外役員に対して，役員としての報酬とは別に，特別委員会の委員としての職務の対価として報酬が支払

---

12 報酬は「固定」「1カ月あたり固定」等とされたものを指す。
13 報酬は「時間単位」「稼働時間を基準に算出」「開催回数に応じた金額」等とされたものを指す。
14 報酬は「時間単位または固定」「固定または開催回数に応じた金額」等，いずれの報酬体系によるか明らかとされていないものを指す。社外役員は固定，社外有識者は時間単位とする事例を含む。
15 報酬につき明記されておらず，社外役員に対して報酬の支給があるかどうか不明のものを指す。
16 社外役員は無報酬，社外有識者は固定とした事例を含む。
17 1カ月当たり固定額報酬の事例を含む。

われる場合，これが会社法上の役員報酬規制に服するか否かについては議論がある。この点，買収防衛策の文脈であるが，社外監査役が，独立委員会の委員として行う活動は，元々会社法が定める社外監査役の職務ではないため，独立委員会の委員として受給する報酬は「職務執行の対価」ではなく，会社法上の「報酬等」に該当しないとする見解がある[18]。

もっとも，会社法上の「報酬等」とは，報酬，賞与等その他名目を問わず，取締役が「職務執行の対価」として会社から受ける財産上の利益を指すと解されており，「職務執行の対価」の概念も広く解されているところ[19]，社外取締役は元々経営者から独立した立場で，会社と業務執行を行う経営者との間の利益相反を監督する機能が期待されており，独立委員会が取締役会の監督機能のうち，会社と経営者との利益相反の監督を補完するものと位置づけられていることから，社外取締役が特別委員会の委員として活動することは社外取締役の職務に含まれると解される[20]。また，社外監査役については，本来的には経営判断に直接関与することは予定されておらず，当該M&A案件の妥当性について判断することは，会社法上の監査役の「監査」の範囲に含まれないと解されるが，監査役は取締役会への出席・意見陳述義務等を通じて間接的に経営に関与することも可能であり，経営者から独立した立場で業務執行全般を評価し，経営者の監督をすることが期待されており，特別委員会の委員としての活動も，監査役の職務の範囲内ではあると解される[21]。また，特別委員会の委員は，構造的利益相反が存在するM&A案件において，取締役等の判断が一般株主にとって公正であって企業価値の向上につながるかという観点から取締役等への監督が期待されており，当該役割には上記のとおり社外取締役および社外監査役が適しているとされており，社外取締役および社外監査役の特別委員会への参加は当然予定されているものとも考えられる。したがって，社外取締役およ

---

18 大阪株式懇談会編『会社法 実務問答集Ⅱ』（商事法務，平成30年）237頁〔前田雅弘〕
19 落合・前掲150頁
20 野澤大和「実務問答会社法第32回 – 取締役会の監督機能を補完する任意の委員会の委員としての活動と会社法上の報酬規制」旬刊商事法務2200号47頁
21 野澤・前掲注20

び社外監査役，両者について，委員としての活動は社外役員の職務に含まれると解され，委員としての対価についても，「職務執行の対価」として会社法上の「報酬等」に該当し，報酬規制に服するとして，報酬規制の範囲内で委員としての報酬を支払うことが慎重な対応となるであろう。なお，多くの会社では，これまで，このような特別委員となることを想定して，報酬の上限を株主総会の承認を取得した上で設定していないものと思われるが，このような特別委員としての報酬を支払う可能性を考慮して報酬の上限を設定することについて，株主総会の承認を得ることについても検討が必要である。

5 専門家の必要性・役割

(1) 社外有識者である特別委員

前記2(3)のとおり，確認対象としたMBO案件においては約8割，子会社化等案件においては約5割強の割合で，社外有識者が特別委員会委員として選任されている。社外有識者を特別委員会の委員として選任する趣旨は，手続の公正性や企業価値評価に関する専門的知見等，M&Aに関する専門性を補う点にあると考えられる（公正M&A指針3.2.4.2B）。

(2) 外部アドバイザーの独立性

外部アドバイザーとは，財務アドバイザー・第三者評価機関や法務アドバイザー等をいうところ，公正M&A指針においては，特に独立性を有する法務アドバイザーの関与が重要であるとされている（公正M&A指針3.3.1）。法務アドバイザーは，特別委員会の設置や委員の設定，案件の検討・交渉過程から除外されるべき特別利害関係取締役等の検討，財務アドバイザーや第三者評価機関の独立性の検討等において重要な役割を果たしうるとされている。そして，

ここで言う独立性とは，買付者および当該M&Aの成否からの独立性を言うところ（公正M&A指針脚注48），たとえば買付者と顧問契約を締結していて常時経営陣から法律相談を受けているために買付者に対する依存度が強い弁護士は，買付者からの独立性の観点から，対象会社の法務アドバイザーとして適任ではない（公正M&A指針脚注50）。反対に，当該外部アドバイザーが対象会社と顧問契約を締結している事案においては，対象会社からの独立性は公正M&A指針上明示的に問題とされていないことから，許容されるものと考えられ，具体的事案において，当該M&Aの成否からの独立性の有無を検討することになるであろう。

第6章

特別委員会の運営上の留意点

1 特別委員会の開催に関する留意点

(1) スケジュール

　取引全体における特別委員会の位置づけおよび具体的なスケジュールの目安は前記第4章2(2)のとおりであるが，実際の特別委員会の開催日時の決定にあたっては，関係者が多数（特別委員会，対象会社のプロジェクトチーム（後記2(1)），法務アドバイザー，ファイナンシャル・アドバイザー等）に及ぶことも踏まえ，あらかじめ余裕を持ってスケジュール調整を行っておくことが望ましい。実際の調整方法は案件全体のスケジュールや特別委員の人数，性質等によっても異なってくるが，（案件を通じた全体的な）開催回数や時期の目処を（法務アドバイザー，ファイナンシャル・アドバイザー等とも協議の上）事前に検討した上で，具体的な日時について各関係者の予定を取りまとめて決定することとなる。なお，各回の議論を踏まえて答申結果が出されることになる以上，後記2(5)の議事録等で内容の共有は行われるものの，全特別委員が参加できる日程を前提として通常調整が行われることとなる。

　特に，特別委員会の最終開催日においては，答申書の最終確認が行われることになるところ，最終確認においては，公開買付価格のプレミアムの検討として，公表日前日における対象会社株式の終値と公開買付価格の比較も行われることになるため，当該終値が確定している必要がある。したがって，必然的に公表日前日における対象会社株式の終値が確定した時点，すなわち公表日前日の15時以降に開催することになるが，多くの案件で取引の公表日は当初からある程度確定していることが想定されるため，当該取引公表予定日の前日の夕方以降に特別委員会を開催できるよう，案件初期段階から日程を確保しておくことが考えられる。

(2) 開催場所，開催形態

　特別委員会の開催場所に関しては，関係者の事情に応じた柔軟な設定が可能であるが，一般的には法務アドバイザーやファイナンシャル・アドバイザー，対象会社の会議室を利用することが考えられる。対象会社と特別委員，各アドバイザーの地理的関係も考慮した上で決定することになるであろう。

　なお，対象会社において特別委員会を開催する場合には，対象会社に対して公開買付けが行われるという情報自体が，対象会社内における重要情報として限定されたメンバーにのみ共有されている（後記2(2)①）ことに留意が必要である。そのため，会議室の手配の際や実際の開催の際にも，秘匿性が保たれる形で開催されることが必要である。

　また，必要に応じて一部または全部の参加者が遠隔地から電話会議やWeb会議の形式で参加することも可能である。特に近年は，リモートワークの拡大等の事情に照らして，特定の会議室を用いずに全参加者がオンラインで参加する形式（または一部がオンラインで参加する形式）で特別委員会が開催される事例も増加してきている。オンライン形式（または会議室とオンラインの併用）で開催する場合，通信環境が整っておりオンライン参加者間で適切なコミュニケーションを取ることができることを各特別委員会の冒頭で確認することになるであろう。また，オンライン形式の場合のかかる通信状況の確認は後記2(5)の議事録にも記載することが望ましい。

2 特別委員会の運営に関する留意点

(1) プロジェクトチームの組成

① 概要

　MBO等において，買付候補者から買収の提案を受けた対象会社としては，提案を受けた取引の検討，具体的には，①取引に関する情報収集・分析，②取引の是非（対象会社の企業価値増加に資するか）および条件（価格）の検討，③取引条件についての買付者側との交渉等を進めていくことになる。この際，対象会社において上記検討を行う主体としては，その内容に鑑みると，一般的な取引の場合には取締役会が想定されるが，公正M&A指針が適用される典型的な取引であるMBO等においては，対象会社の取締役の中に公開買付者と利害関係を強く有する者（たとえば親会社との兼任取締役，親会社からの派遣取締役等やMBOにおいて買付者側に回る者）が存在することも多い。このような場合に，取引の検討を対象会社の取締役会において行うことは，公開買付者の関係者である取締役等の影響を受けた検討となる可能性があり，公正性の観点からして妥当ではない。そのため，取締役会とは別に，プロジェクトチームを組成し，当該プロジェクトチームにおいて取引の検討を進める[1]場合が存在する。上記趣旨を踏まえ，プロジェクトチームを組成する場合，そのメンバーは，取引に利害関係を有さず，取引につき的確な情報収集・分析および検討，ならびに買付者との対等な交渉をなしうる体制を構築するために必要性が認められる者が含まれるべきである。

1　典型的には，①株式価値算定のベースとなる事業計画の策定・了承，②買付者からの価格提案があった時点での，（ファイナンシャル・アドバイザーの価値算定の結果も踏まえた）交渉方針の決定，③買付者との交渉を踏まえた最終的な合意内容（案）の決定（取締役会に上程する内容の決定）等が想定される。

このようなプロジェクトチームは，その名称にかかわらず，MBO等の対象会社側においては実質的に多くの事例において設置されているであろうが，公正M&A指針において対象会社の社内検討体制の例として挙げられている（同指針3.2.6）こともあり，「プロジェクトチーム」として正式に組成した場合にはMBO等に際しての各種開示書類において公正性担保措置の1つとして記載することが可能である。実際の事案においては，かかる点も踏まえ，法務アドバイザー等とも協議の上，プロジェクトチームの設置の要否を検討することになるであろう。

なお，プロジェクトチームの開示例としては，以下のものが存在する。

〈開示例（イソライト工業株式会社による令和3年12月23日付「支配株主である品川リフラクトリーズ株式会社による当社株式に対する公開買付けに関する賛同の意見表明及び応募推奨に関するお知らせ」15頁）〉

> 当社は，本取引について当社において検討するための担当者として公開買付者との間に特別な利害関係を有する者を除く当社の代表取締役社長である飯田栄司氏及び取締役専務執行役員である佐野達郎氏の2名から構成されるプロジェクトチームを組成し……公開買付者から独立した立場で，本取引に係る検討，交渉及び判断を行うための体制（本取引に係る検討，交渉及び判断に関与する当社の役職員の範囲及びその職務を含みます。）を当社の社内に構築し，本取引に関する提案を検討するための体制を整備いたしました。

プロジェクトチームが設置された場合，そのメンバーは買付者によるデュー・ディリジェンスへの対応等のほか，必要に応じて特別委員会にも参加し，対象会社の現状や実務を特別委員会の参加者に共有し，特別委員会における取引の検討の議論を促進させる役割も期待される。

② メンバー

上記のとおり，プロジェクトチームのメンバーとしては，MBO等の取引に

利害関係を有さず，取引につき的確な情報収集・分析および検討，ならびに買付者との対等な交渉をなしうる体制を構築するために必要性が認められる者が含まれるべきであり，取締役に加え，事務局として実務的な面を担当する従業員（部長職等）を含めることが考えられるであろう。具体的には，(i)対象会社の社内取締役のうち，MBO等の取引および買付者と利害関係を有しない取締役を中心に，(ii)プロジェクトチームに期待される役割のうち，当該社内取締役のみではカバーすることが難しいと予想されるもの（たとえば，事業計画の策定および特別委員会への説明や，買付者からのデュー・ディリジェンスへの対応，対象会社内における事務的調整等）がある場合には，当該役割を果たすことができる者（典型的にはM&A取引の所轄部署の部長等）を加えて構成することが考えられる。また，下記のとおり，必要に応じて，(iii)社外取締役もプロジェクトチームに加えることが考えられる。

　この点，役員や従業員の中に，買付者との関係性が否定できないものの，対象会社として取引を検討するためには当該役員・従業員の関与やこれらの者の有する情報等が重要である場合も想定される。たとえば，役員が直近まで買付者側でも一定の職位に就いていた場合や従業員が買付者側からの出向者である場合であって，当該役員・従業員が，（情報が集約されている等の理由により）対象会社として取引の合理性を検討するために実務的に不可欠な場合等が想定される。かかる場合には，当該役員・従業員のプロジェクトチームへの参加の可否については，参加の必要性と買付者側との関係性（たとえば取引実行後も対象会社側に残る予定であり，買付者に戻る予定がない場合には，プロジェクトチームに参加させても弊害は少ないという判断になるであろう）等を考慮した上で，各案件の事情に応じて判断すべきである。なお，このような買付者との関係性が否定できない役員や従業員をプロジェクトチームに加える場合であっても，特に独立性が求められる事項（買付価格の算定に直接影響する事業計画の策定等）には関与しないという対応が望ましいであろう。また，当該役員・従業員をプロジェクトチームに含める場合，開示書類の中でも参加の必要性等について言及することが望ましい[2]。

なお，プロジェクトチームに参加する対象会社の取締役・従業員が現時点では買付者と利害関係を有しないとしても，MBO等の完了後に，買付者の支配下で取締役として留任するまたは従業員として対象会社の中で特定の地位（部長職等）に留任することを希望する場合，買付者の意向に反するような行動は避けようとするという点で，潜在的な利害関係は多くの取締役・従業員に存在する。かかる潜在的な利害関係についても，上記同様，取締役・従業員がプロジェクトチームに参加する必要性等との比較の上で考慮すべきであろう。

　また，社外役員（社外取締役・社外監査役）をプロジェクトチームに含めるべきかも検討の余地があり，かかる者を含めて審議を行うことによりプロジェクトチームによる意思決定の重み[3]が増すというメリットが存在する一方で，社外役員をメンバーに含めることによる機動性の低下や，社外役員は特別委員への就任が期待されており，社外役員をプロジェクトチームにも含めるとすると特別委員会との線引きが曖昧になること等を踏まえて検討することになる。

　実例においては，開示書類上，プロジェクトチームのメンバーについて具体

---

[2]　実際の記載例としては以下のものが存在する（イソライト工業株式会社による令和3年12月23日付「支配株主である品川リフラクトリーズ株式会社による当社株式に対する公開買付けに関する賛同の意見表明及び応募推奨に関するお知らせ」34-35頁）。

> 当社の代表取締役社長である飯田栄司氏は，2018年6月まで公開買付者の取締役常務執行役員を務めていたものの，当社の代表取締役社長として，当社の企業価値向上の観点から当社の将来の経営戦略等を当社内において検討するにあたって不可欠かつ代替性のない存在であることに加え，既に当社に転籍して3年が経過しており，公開買付者の役職員を兼務しておらず，公開買付者から指示を受ける立場にないこと，また，本取引に関して，公開買付者側で一切の関与をしておらず，またそれができる立場にもないこと，及び……本特別委員会が設置され，当社における本取引の検討及び公開買付者との協議・交渉の過程において有効に機能していることから，同氏をプロジェクトチームから除外しなければ手続の公正性が害されると考えるべき程度の利害関係はないものと判断し，プロジェクトチームに参加しておりますが，構造的な利益相反の問題による影響を受けるおそれを可能な限り排除する観点から，慎重を期して，本取引における当社株式の価値評価の基礎となる事業計画の作成を含む，高い独立性が求められる職務については関与を控えております。

[3]　取締役および監査役から買付者と関係性を有する者のみを除いたメンバーをプロジェクトチームに参加させた場合，当該プロジェクトチームにおける意思決定は，取締役会における意思決定に相当程度代替しうるものとして整理することが可能と考えられる。

的に言及されていない事例も一定数存在するものの，社外役員がプロジェクトチームに参加していることに正面から言及しているものは1例[4]にとどまっている。かかる実例の状況を踏まえると，基本的には，プロジェクトチームに社外役員は含めない運用が一般的であることが見受けられる。

なお，上記を踏まえてもなお，プロジェクトチームに参加することが適当と認められる役員が非常に少数の場合，プロジェクトチームにおける交渉方針等の議論が期待できないことから，買付者との交渉権限（前記第4章5(5)①参照）を特別委員会に委譲することも検討の余地があるであろう。

③ その他

プロジェクトチームにおいて議論した内容については，後記(5)の特別委員会の議事録同様に，その後の裁判手続の可能性を踏まえ，議事録として証拠化しておくことが望ましい。議事録における記載の粒度等については，特別委員会の議事録と同様の観点が妥当するため，後記(5)をご参照いただきたい。

また，プロジェクトチームを組成した場合であっても，公開買付けに際して

---

4 当該実例においては，社外取締役2名（特別委員も兼任）が，従業員2名とともにプロジェクトチームに参加している。社外取締役が参加することになった理由について明記はされていないが，対象会社の取締役6名のうち，社内取締役4名が買付者の従業員を兼任しているという点で買付者および取引の成否からの独立性に疑義があり，プロジェクトチームに参加できる社内取締役が存在しなかったという点に特徴があり，（プロジェクトチームの位置づけに鑑みると）交渉力の観点から従業員のみで構成することも難しく，社外取締役を参加させるという選択にならざるをえなかったものと推察される。この点，前記第4章5(2)のとおり，特別委員会においては企業価値評価の基礎となる対象会社の事業計画の合理性を検討することが期待されていることから，プロジェクトチームのメンバーと特別委員を兼任する取締役が存在する場合に，特別委員会としてどのようにかかる検討を行うか（プロジェクトチームが作成した事業計画を特別委員会が第三者としての立場から検証できるのか）という点に留意する必要がある。当該事例においては，（対象会社の法務アドバイザー，ファイナンシャル・アドバイザーとそれぞれ兼任する者に加え）特別委員会自身のアドバイザーとして公認会計士が選任され，その者の助言を得ながら事業計画の検証が行われた旨が開示書類においても記載されており，これは特別委員会による事業計画の検証を実質的なものとするという要請に配慮したものであると考えられる（日本アセットマーケティング株式会社による令和3年12月27日付「支配株主である株式会社パン・パシフィック・インターナショナルホールディングスによる当社株式に対する公開買付けに関する賛同の意見表明及び応募推奨のお知らせ」23，24頁）。

の意見表明決議は取締役会で行う必要があることにはご留意いただきたい。

(2) **情報管理体制**

① 対象会社内における情報管理体制

特別委員会においては，MBO等の取引の妥当性や正当性の検証，買付者側との交渉状況の確認および検討等の議論が行われることになる。これらの情報は，MBO等において生じる構造的な利益相反に対応するという特別委員会の設置趣旨に鑑み，買付者と利害関係を有する対象会社の取締役に対して共有されないよう，その情報管理には留意する必要がある。

また，公開買付けにおいては，買付者によるデュー・ディリジェンスへの対応や取引の検討，事業計画の策定等に際して，対象会社側においても一定数の従業員に関与を求める必要が存在する。一方で，対象会社に対して公開買付けが行われる事実は，金融商品取引法上のインサイダー事実に該当する（同法167条）ため，対象会社において取引に関与する者は，取締役会や前記(1)のプロジェクトチームのメンバーに限らず全員が対象会社の株式の売買を行わないこと，公開買付けが検討されていることを対象会社内の者含め第三者に開示しないこと等を定めた誓約書を提出することが一般的である。当該誓約書の文案としては以下のものが考えられる[5]が，個別の事案に応じて，法務アドバイザーとも協議した上で実際の誓約書は準備されることが望ましい。

〈対象会社の取引関係者から提出させる，インサイダー情報の取扱に関する誓約書の文案〉

○株式会社
代表取締役社長 ○ 殿

---

[5] 本書に掲載する文案はあくまで一例であり，法令・社内規程の遵守や管轄等について誓約書内で記載することも考えられる。

誓　約　書

　私は，〇株式会社（以下「A」といいます。）による〇株式会社（以下「当社」といいます。）株式に対する公開買付けを通じた当社の完全子会社化（以下「本件」といいます。）に関する業務に携わるにあたり，下記の事項を遵守することを誓約します。また，私は，以下に定める誓約事項に違反した場合，当社の就業規則等に定める懲罰の対象になり，又は，契約上若しくは法律上の責任を負う可能性があることを認識しております。

記

1．本件に関する秘密情報を当社の許可なく開示，漏洩，利用しないこと。
2．本件に関して公表（金融商品取引法第166条第4項及び同法第167条第4項に定めるものをいいます。）がなされる前に，当社及びA[6]の株式その他の有価証券につき，売買等（同法第166条第1項に定めるものをいいます。）及び同法第167条の2に定める情報伝達・取引推奨行為を為さないこと。
3．前各項に定める事項につき，違反の疑いがある場合，当社が私に対して行う社内メールや電話記録の調査その他当社が必要と判断する調査に全面的に協力すること。

以　上

〇年〇月〇日

　　　　　　　　　　　　　　　住所：〇

　　　　　　　　　　　　　　　氏名：〇　　　　　　　　　印

② 買付者との間の情報管理体制

　公正M&A指針の適用が典型的に想定されている親会社による完全子会社化

---

[6] 買付者も上場会社である場合には，当該買付者の株式その他の有価証券の売買等も制限する必要がある。

やMBOにおいては，買付者が従前より対象会社の情報を相当程度保有していることが想定されるが，そのような場合であっても取引の過程で買付者側に開示される情報がすべて買付者にとって既知の情報であるとは限らず[7]，また，従前から買付者との間で情報や人材の交流ルートが存在することから，かかるルートを通じて情報が流出する可能性も否定できないため，MBO等においても買付者と対象会社の間で情報管理体制を構築する必要性は高い。したがって，買付者と対象会社の間で，取引に関する情報を秘密情報とし，取引検討のために必要な範囲に限り開示・共有を許容する旨の秘密保持契約書を締結することが一般的である。

(3) 議事進行

実際の特別委員会の議事進行に関しては，各特別委員会の委員，アドバイザー等の性質による部分が大きいが，一般的にはファイナンシャル・アドバイザーや法務アドバイザーが進行する形や，議案に応じて各アドバイザーまたは特別委員が進行する（たとえば，買付者側との交渉状況やバリュエーションに関する内容についてはファイナンシャル・アドバイザーが進行を担当し，答申書等の法的な分野については法務アドバイザーまたは弁護士である特別委員が担当する）形が多いものと考えられる。

また，構造的な利益相反関係に伴う問題を補完するために設置され，社外の第三者（社外取締役および社外監査役を含む）が委員に就任するという特別委員会の性格に鑑みると，たとえ前記(1)のプロジェクトチームのメンバーとして対象会社の代表取締役が特別委員会に参加するとしても，その関与は限定的なものにとどめられるべきであり，当該代表取締役が実質的な議論を主導するような状況は避けることが望ましい。

---

[7] たとえば，事業計画を（公表されているものとは別途，）取引用に策定する場合，当該事業計画は買付者にとっては未知の情報と言えるであろう。

(4) 特別委員会用の資料等の作成

　特別委員会においては，MBO等の取引の妥当性や正当性の検証，買付者側との交渉状況の確認および検討等の複数の点を並行して議論することになるため，その内容も対象会社が営む具体的な事業に関するもの（取引により生じるシナジーの検討を含む）から，主に法務または会計に関するものまで多岐に及ぶことになる。特別委員会の各参加者は，その資格・背景等に照らして必要性が認められることから同委員会に参加しているが，必ずしもすべての議題・背景知識について精通しているわけではないため，議論を円滑に進めるためにも，各議題に関する資料の作成が重要となる。典型的には，MBO等において行われる公開買付けやその後のスクイーズ・アウト手続，それらの過程で求められる公正性担保措置の概要や留意点，バリュエーション結果の概要等が想定される。また，各回で取り上げられる議題を参加者が事前に把握できるよう，議題を一覧化したアジェンダも各回の開催前に配付されることが望ましいであろう。

　かかる資料の作成は，主にファイナンシャル・アドバイザーや法務アドバイザーが担当することになり，専門的知識が求められる各議案について，議論を円滑に進めるために必要な内容を盛り込んだものを事前に共有しておくことが望ましい。

(5) 議事録

　特別委員会においては，各回の終了後に議事録を作成することが一般的に行われている。議事録の作成は法務アドバイザーが素案を作成し，各特別委員，対象会社のプロジェクト・チーム，ファイナンシャル・アドバイザー等の参加者が確認して内容を確定させることが多い。特別委員会の議事録には，参加者や開催時間[8]，議論の内容を記録化するとともに，特別委員会における複雑な議論の過程で参加者間で理解に齟齬が生じないよう，共通認識を持つことができ

ているかの確認を促す効果も存在する。

　一般的な議事録の構成としては，下記のものが考えられる（一例として第1回特別委員会の議事録に記載されることが想定される典型的な見出しを記載している）が，個別の案件に応じて，その構成や記載の粒度は調整されることになるであろう。

〈特別委員会の第1回議事録例〉

第1回特別委員会議事録

開催日時
　　○

開催場所[9]
　　対象会社会議室及びWeb会議システム

出席者
特別委員
　　［対象会社社外取締役］　○
［対象会社事務局］
　　［取締役］　○
［ファイナンシャル・アドバイザー］
　　［役職］　○
［法務アドバイザー］
　　弁護士　○

---

[8] 前記第4章2(1)のとおり，特別委員会の合計開催時間は，公開買付けに関する開示書類の中で具体的に言及される場合も一定数存在する。具体的な開催時間を計算する場合には，議事録の記載を根拠とすることになるであろう。

[9] 一部の参加者がオンライン参加の場合を想定した記載としているが，全参加者がオンラインによる参加（前記1(2)）の場合には「Web会議システム」といった形で記載することになる。

議事の内容[10]
　〇時〇分，［対象会社］会議室及びWeb会議システムによる全出席者の出席を確認するとともに，各出席者が一堂に会するのと同等に適時・的確な意見表明が互いにできる状態となっていることを確認した上で，第1回特別委員会が開始され，議事に入った。

1　特別委員会の設置・運営について[11]

2　本件取引について

3　［対象会社］における検討体制について[12]

4　特別委員会の想定スケジュールについて[13]

5　［対象会社］の会社概要について

6　本日の議論の小括及び次回日程について

　第1回特別委員会の全議題を終了したことから，次回の開催日時及び議題を確認した上で，〇時〇分に閉会した。

配付資料
　〇

---

[10] オンラインによる参加者も十分に議論に参加していたことを証拠化する観点から，「各出席者が一堂に会するのと同等に適時・的確な意見表明が互いにできる状態となっていることを確認した上で」議事が進められたことを冒頭に明記することが考えられる。

[11] 「1　特別委員会の設置・運営について」では，対象会社の特別委員会の設置議案等を用いて，各特別委員の紹介，特別委員会の設置趣旨，諮問事項，アドバイザー等について確認し，「2　本件取引について」では，買付者側からの初期的な提案書等を用いて，企図されている取引の概要や取引全体のスケジュールについて確認することが想定される。

[12] 前記(1)のプロジェクトチームに関して言及することが想定される。

[13] 「4　特別委員会の想定スケジュールについて」は前記第4章2(2)，「5　［対象会社］の会社概要について」は前記第4章5(1)参照［いずれも第4章］。

また、仮に公開買付け後のスクイーズ・アウト手続において、対象会社株式の買取価額の妥当性が少数株主により争われた[14]場合、裁判手続の中で価額の妥当性が争われることになるが、特別委員会の議事録は、前記(4)の特別委員会用の資料や前記(1)③のプロジェクトチームの議事録等とあわせて、かかる裁判手続における証拠資料となりうる。この観点からは、議事録は裁判手続における検証に耐えうるような記載（換言すれば、特別委員会において、取引価額の決定に関する実質的な議論がなされていたことが合理的に推認できる程度の記載）にする必要があるが、具体的な記載の粒度については、各案件の個別的事情も考慮する必要があり、法務アドバイザーとも相談の上で検討することが望ましいであろう。

また、議事録は特別委員会名義で作成されるものであるから、各特別委員による押印が必要かという点も、実際に特別委員会を運営していく過程では問題になりうる。この点については、上記のとおり議事録は裁判手続において証拠となりうるものであり、各特別委員が実際に押印を行った議事録が存在する場合には、当該議事録が各特別委員の意思を反映したものであることの証明に資すること等を踏まえると、議事録には各特別委員による押印を求めることが原則論となるべきであろう。もっとも、前記1(2)のとおり、オンライン形式による特別委員会も増えてきており、かかるオンライン形式での開催の場合には、議事録の原本を対象会社および各特別委員の間で取り交わすことによる手間等に鑑み、各特別委員による押印は不要とすることも考えられ、実際に押印を行わない形で議事録を作成している実例も存在する。押印を行わない場合、上記のとおり議事録の内容確定の過程で特別委員が議事録の記載を確認するに際し、特別委員による確認の証跡をより客観的な形で残す（特別委員自身によるメー

---

14 公開買付け実行後のスクイーズ・アウト手続としては、①公開買付け後に買付者が有する対象会社株式の議決権割合が90％以上の場合には株式等売渡請求（会社法179条）、②それ以外の場合には株式併合（会社法180条）が用いられることが一般的であるが、これらの手続において自らに交付される価額（公開買付価格と一致することが通常である）に納得しない対象会社の株主は、裁判所に対して、価額の決定を申し立てることができる（①について会社法179条の8、②について会社法182条の4）。

ルを求める等）ことが望ましい。

(6) その他

　日本取引所グループにおいては，有価証券の売買等の公正の確保を図るため，インサイダー取引をはじめとする各種法令に違反する取引の調査に係る自主規制業務を，日本取引所自主規制法人に委託している。同自主規制法人は，かかる委託に基づき，適時開示が行われる事実の発生から公表に至る経緯等の照会を上場会社に対して要請することができ，当該要請を受けた上場会社は，自主規制法人から照会を受けた事項を報告することが義務づけられている。

　公開買付けは，その影響等（特にインサイダー取引との関係で株価に直接影響する事象であること）に鑑み，自主規制法人から上場会社に対して行われる上記報告の要請の対象となることが一般的であり，その場合，当該要請を受けた上場会社は経緯報告書と呼ばれる書面を提出することが必要となる。経緯報告書の中では，適時開示が行われた事実の公表に至るまで（公開買付けにおいては，買付者からの取引の打診が開始時期となることが多いであろう）に実施された各種会議等の日時，場所，参加者，概要を時系列順に記載することが求められており，特別委員会の開催もかかる経緯報告書に記載されることになる。そのため，この観点からも特別委員会の議事録を作成しておくことは有益と考えられる。

公正M&A指針の対象外の取引と特別委員会

1 本章で検討対象とする取引類型

　前章までで述べてきたとおり，公正M&A指針ではMBO等をその直接の対象としているが，公正M&A指針において，両取引類型には該当しないM&Aにおいても，一定程度の構造的な利益相反の問題や情報の非対称性の問題が存在する場合がある旨の指摘がある，と言及されている。そして，両取引類型に該当しないM&Aにおいても，一定程度の構造的な利益相反の問題や情報の非対称性の問題が存在する場合に公正M&A指針を参照することが，当該M&Aの公正さを担保することに資するとともに，その公正さについて一般株主や投資家等に対して説明責任を果たす際にも役立つものと考えられるとされており（公正M&A指針1.4），公正M&A指針自身が，MBO等以外の取引類型への拡張の余地を認めている。具体的には，脚注2において，「例えば，大株主等に対する第三者割当増資や大株主等による部分的公開買付けによる実質的支配権の取得においても一定の利益相反の問題が生じ得るとの指摘がある」としている。

　さらに，企業買収指針は，上記の公正M&A指針の議論を進めて，MBO等以外の一般的な買収においては，「個々の事案ごとに，利益相反の程度，取締役会の独立性を補完する必要性，市場における説明の必要性の高さ等に応じて」特別委員会の設置の要否を検討すべきとしており，特別委員会の設置が有用と考えられる取引類型として，

---

(1) キャッシュ・アウト[1]の提案であることから，取引条件の適正さが株主利益にとってとりわけ重要であると考えられる場合
(2) 買収への対応方針・対抗措置を用いようとする場合
(3) その他，市場における説明責任が高いと考えられる場合（例えば，複数の公知の買収提案がある場合等）

1　スクイーズ・アウトのうち，現金対価によるものを指す用語である。

を例として挙げている（企業買収指針3.3）。

そこで，本章では，MBO等以外であって，公正M&A指針が参照され，特別委員会が設置されることのある取引類型として，以下の4類型を取り上げる。

① 大株主等に対する第三者割当増資
② 大株主等による部分的公開買付けによる実質的支配権の取得
③ 支配株主が従属会社の株式を売却する取引
④ 独立当事者間取引のうち，キャッシュ・アウトを前提とした取引

上記の取引類型のうち，①および②は，公正M&A指針において，一定の利益相反の問題が生じうるとの指摘がなされており，公正M&A指針自体が，その適用の余地を認めている取引類型である。他方，③および④は公正M&A指針では特段言及されていないが，実務的には特別委員会を設置する事例が増えている取引類型であり，特に④は，上記のとおり，企業買収指針が，特別委員会の設置が有用であると指摘している取引類型である。

なお，企業買収指針が指摘する取引類型のうちの(2)は，特別委員会が同意なき買収に関する検討を行うことが想定される取引類型であると言え，(3)も，いわゆるオークション手続による買主候補者選定手続を経る場合には複数の買主候補者から提案を受けることになるが，一般的には，公表の時点ではそのうち1社に絞った上で公表されることから，複数の提案が公表されるような場合においては，複数の提案のうちの少なくとも1つは同意なき買収に関する提案ということになる。これらの取引類型における特別委員会も，経営者と株主等との間の利益相反性を回避するための措置であるという意味で，公正M&A指針が想定する特別委員会と共通する面はあると考えられ，公正M&A指針脚注2（3頁）でも，「敵対的買収への対応における特別委員会の活用の在り方等についても整理が必要との指摘もある」と言及されており，かかる共通性を前提に，企業買収指針では，キャッシュ・アウト取引と区別せず，特別委員会の設置の

有用性を指摘していると考えられる。このため，敵対的買収の局面において設置される任意の委員会についても，公正M&A指針の議論を参照することが有益である面もあるようには思われるが，買収防衛策の発動とMBOおよび支配株主による従属会社の買収とでは，利益相反や情報の非対称性の内容，実際の特別委員会の運営等において大きく異なる点があると考えられるため，本書の検討の対象からは除外している[2]。

　本章で検討の対象とする①から④の取引類型のうち，①および②が，公正M&A指針の適用や特別委員会の設置の必要性が，MBO等のアナロジーとして比較的素直に認められると思われるのに対し，③および④は，MBO等における問題状況とは異なる点が多く，特殊な面がある。とりわけ④独立当事者間取引については，公正M&A指針に基づき実施される，特別委員会の設置を含む公正性担保措置は，「取引条件の形成過程における独立当事者間取引と同視し得る状況の確保」をその目的の1つとしているものであり（公正M&A指針2.4），独立当事者間取引においてさらに公正性担保措置を実施することは，一見すると屋上屋を架すようなものにも思われる。他方，特に近時の実務においては，独立当事者間取引においても特別委員会を設置する事例が増えてきており，企業買収指針においても，かかる実務的な例を追認する形で，特別委員会の設置の有用性を指摘している。

　このような状況であることを踏まえ，上記の4類型について，本章では以下のとおり説明する。

　まず，下記2では，①および②について，MBO等との相違点を分析した上で，具体的な事例を取り上げて説明する。

　他方，③および④については，下記3および4において，それぞれの取引類型においてどのような利益相反性や情報の非対称性に起因する課題が認められるのかを検討する。その上で，かかる利益相反性の程度や内容を踏まえて，特

---

[2] 特別委員会の役割を含む近時の買収防衛策に関する議論については，企業買収指針において近時の議論がとりまとめられている。企業買収指針の公表以前においても多数の文献・論考が存在するが，たとえば別冊商事法務№470『新しい買収防衛策の考え方』等参照。

別委員会の設置の状況が実務的にどのようになっているか，また，特別委員会の活用の仕方の点でどのようにMBO等との場合と異なるか，検討する。

2　公正M&A指針において例示された取引類型

(1) 大株主等に対する第三者割当増資および大株主等による部分的公開買付けによる実質的支配権の取得における課題

上記のとおり，公正M&A指針脚注2（3頁）において，①大株主等に対する第三者割当増資や，②大株主等による部分的公開買付けによる実質的支配権の取得において，一定の利益相反の問題が生じうるとの指摘がなされている。

上記で言及されている，①大株主等に対する第三者割当増資や，②大株主等による部分的公開買付けは，支配株主による従属会社の買収に類似した取引である。すなわち，非公開化を伴わず，対象会社が支配株主の完全子会社となるわけではない（したがって，一般株主は対象会社の株主として残ることも可能である）という点で違いがある（支配株主による従属会社の買収の場合と比べて，利益相反性が相対的に低い）とは言えるものの，大株主と一般株主との間に利益相反関係があり，かつ，大株主は当該取引を実施する前から対象会社に対して議決権行使や取締役派遣等を通じて一定の影響力を及ぼしうる状況にあること，また，大株主は一般株主と比較して対象会社に関する正確かつ豊富な情報を有している場合が多く，情報の非対称性が存在する可能性が高い，といった状況は，支配株主による従属会社の買収に類似するものである。このため，これらの取引について公正M&A指針を参照して特別委員会の設置を行うことは自然であるように思われ（また，そうであるからこそ，脚注ではあるものの，公正M&A指針において言及されていると考えられ），このような取引において，特別委員会の設置等の公正M&A指針において言及される公正性担保措置を実施することは，一般株主保護等の観点から，望ましいものと考えられる。

加えて、企業買収指針では、買収比率に着目し、(現金対価による)全部買収と対比して、部分買収の場合には、一般株主が株式のすべてを提案価格で売却できるわけではないことが問題となりうることを指摘しており、部分買収であることによる問題が大きいと考える場合には、全部買収に変更するよう交渉することが考えられると指摘されている(企業買収指針3.2.2)。したがって、②大株主等による部分的公開買付けにおいては、上記の部分買収の問題を解消するために買主との間で真摯な交渉が行われる必要性が高く、大株主から独立した特別委員会を設置し、交渉を担わせることが有用であると言えよう。

また、上場会社が第三者割当を実施する場合であって、希薄化率が25％以上になるときや、支配株主が異動することになるとき等においては、①意見の入手から一定程度独立した者による第三者割当の必要性および相当性に関する意見を入手、または②当該第三者割当に係る株主総会決議などによる株主の意思確認、のいずれかを行うことが必要とされており(有価証券上場規程432条)、株主総会決議を実施することの実務的ハードルを考えると、上記①の意見の入手が現実的な対応策となる。かかる意見を行う「経営者から一定程度独立した者」としては、「第三者委員会、社外取締役、社外監査役などを想定して」いるとのことであるから(東証適時開示ガイドブック2024年4月版、434頁)、このような場合に特別委員会を設置することは、有価証券上場規程との関係でも望ましい対応であると考えられている、と評価できる。加えて、支配株主を有する上場会社が、第三者割当を含む重要な取引等を当該支配株主との間で行う場合には、当該支配株主との間に利害関係を有しない者による意見の入手が必要であり(有価証券上場規程441条の2)、特別委員会の意見(答申)をもってかかる意見とすることもある。

(2) 大株主等に対する第三者割当増資および大株主等による部分的公開買付けによる実質的支配権の取得の実例

①大株主等に対する第三者割当増資の事例[3]として、たとえば、株式会社出前館による令和2年3月26日公表のLINE株式会社および未来Fund有限責任事

業組合（LINE株式会社の筆頭株主であるNAVER Corporationのグループ会社であるNAVER J.Hub株式会社が90％，LINE株式会社が10％出資する投資ファンドである）に対する第三者割当増資がある[4]。当該案件で株式会社出前館は，有価証券上場規程432条の定めに従い，第三者割当増資の必要性および相当性に関する意見を取得するため，同社の経営者および割当予定先からの独立性を有する者として，社外取締役1名（弁護士兼弁理士）および社外有識者2名（うち1名は公認会計士）からなる特別委員会を設置し，第三者割当増資の必要性および相当性に関する意見を求め，意見書を取得しているとのことである（意見書の概要も開示されている）。第4章で論じたとおり，通常の特別委員会は取引の目的の合理性，手続の公正性，取引条件の妥当性等についての諮問を受け，答申することが一般的であるが，当該事例では，有価証券上場規程432条に基づき求められる意見を特別委員会から取得する，という建付であることから，諮問事項および意見書の内容がMBO等の場合における答申書の内容とは異なっていることが指摘できる。

　他方，②大株主等による部分的公開買付けによる実質的支配権の取得の事例としては，第三者割当増資と組み合わせた事例ではあるが，株式会社フェローテックホールディングスによる令和4年6月10日公表の株式会社大泉製作所に対する公開買付けおよび第三者割当増資の事例が存在する[5]。当該事例では，部分的公開買付けおよび第三者割当増資を組み合わせることで，株式会社フェローテックホールディングスは株式会社大泉製作所を連結子会社とすることを想定しているとのことであり，株式会社フェローテックホールディングスは株

---

[3] 大株主等に対する第三者割当増資において特別委員会が設置された事例として，本文記載の株式会社出前館の事例のほか，令和4年2月7日公表の佐渡汽船株式会社の事例，令和3年5月27日公表の株式会社三光マーケティングフーズの事例，および令和3年5月12日公表のKNT-CTホールディングス株式会社の事例等が存在する。
[4] 株式会社出前館による令和2年3月26日付「LINE株式会社との資本業務提携契約並びにLINE株式会社及び未来Fund有限責任事業組合との株式引受契約の締結，第三者割当による新株式の発行並びに主要株主及び親会社の異動に関するお知らせ」参照。
[5] 株式会社大泉製作所による令和4年6月10日付「株式会社フェローテックホールディングスとの間の資本業務提携契約の変更等に関する合意書の締結及び同社に対する第三者割当による新株式発行について」参照。

式会社大泉製作所の支配株主等には該当しないものの，主要株主である筆頭株主およびその他の関係会社であり，構造的な利益相反の問題および情報の非対称性の問題が類型的に存する取引に該当することに鑑み，株式会社大泉製作所は，社外取締役1名（弁護士），社外監査役2名（うち1名は公認会計士）からなる特別委員会を設置し，公開買付けおよび第三者割当増資の目的の正当性，取引条件の妥当性，公正な手続を通じた少数株主の利益への十分な配慮がなされているか，および少数株主にとって不利益でないかについての答申を取得している。

3 支配株主が従属会社の株式を売却する取引

(1) 支配株主が従属会社の株式を売却する取引における課題

公正M&A指針では，MBOおよび支配株主による従属会社の買収における課題について，①買収者と一般株主との間の利益相反の問題と，②買収者と一般株主の間の情報の非対称性の問題の2つを指摘している（公正M&A指針2.1.2）。以下では，これらの2つの観点から，主に支配株主による従属会社の買収との比較をしつつ，支配株主が従属会社の株式を売却する取引の課題について検討する（これらの課題があることは，特別委員会の設置をはじめとする公正性担保措置を実施することの必要性を基礎づけるといえる）。

まず，①買収者と一般株主との間の利益相反の問題について，支配株主による従属会社の買収においては，支配株主が株式の買手となり，一般株主が株式の売手となることが，構造的な利益相反の問題の前提である（公正M&A指針2.1.2）。すなわち，支配株主は株式を安く買いたい一方，一般株主は株式を高く売りたいという構造があり，これを構造的利益相反として考えているということである。一方，支配株主が従属会社の株式を売却する取引の場合，支配株主も一般株主も株式の売手になるから，支配株主も一般株主も，株式をでき

るだけ高く売りたいと考えるのが通常であるため，利益相反の問題は生じづらい（下記のとおり利益相反の問題が生じることはありうるとしても，常に利益相反の問題が生じる関係ではないことから，「構造的な」利益相反であるとは言いがたいと考えられる）。

　もっとも，支配株主が従属会社の株式の売却を希望する理由や，売却する範囲，市場の状況等によっては，以下のとおり，支配株主と一般株主との間で利益相反が生じることもあると考えられる。

　たとえば，(i)支配株主が従属会社の株式を売却する取引であっても，支配株主が再出資する等により株主として残るような取引も存在し，そのような場合には，支配株主は取引実行後も（一部ではあるが）買収者と対象会社との間のシナジーを享受できることになるため，一般株主との間で利害関係を異にすることとなる。また，そのような事情がない場合であっても，(ii)支配株主が早急な資金ニーズに直面していたり，事業ポートフォリオを刷新することを掲げている等の理由により売却を急いでいたりするような場合には，売却価格よりも早期に売却できることを優先することもありうるため，一般株主にとって不利な時期・条件で取引が行われることもありうる。

　このほか，(iii)支配株主としては，自身の保有する株式を市場において段階的に売却していくという選択肢は，（需給バランスに悪影響が生じることで対象会社の株式の市場価格が下落する可能性があることから）採用しにくい場合もあり，まとめて売却をする機会を得ることを優先して，ディスカウントした価額であっても応募に応諾する可能性があるとの指摘や，(iv)（上場が維持される公開買付けの場合にあっては，）公開買付けに応募しない株主においては，支配株主がエグジットをすることで対象会社の事業に対する悪影響（企業価値の減少）の有無について関心を有し，悪影響が生じると考えるのであれば，そうであるがゆえに，公開買付けに応募する「誘因が生じる」ことになる（強圧性が生じる）のに対し，支配株主としては（レピュテーション上の問題をおくと）企業価値が減少するとしても売却することを優先するという形で，支配株主と当該不応募株主との間で利害関係が一致しないこともある，との指摘もな

されている[6]。

　他方，②買収者と一般株主の間の情報の非対称性の問題について，支配株主による従属会社の買収においては，支配株主は情報優位性を利用して一般株主に不利な取引条件でM&Aが行われて，本来は一般株主が享受すべき利益を享受することができず，支配株主が享受しているという懸念があり，「例えば，一般株主の立場からは，本文記載のような情報の非対称性の下で，対象会社の内部情報に通じた取締役や支配株主により，対象会社の市場株価がその本源的価値と比較して一時的に過小評価されているタイミングを利用して，企業価値の向上の観点からは必要性や合理性に乏しいにもかかわらず，単に自らの利益追求のみを目的としてM&Aが行われているのではないかとの疑念が指摘されている」と述べられている（公正M&A指針2.1.2および脚注10）。支配株主が従属会社の株式を売却する取引であっても，支配株主が情報優位であることには変わりがないため，たとえば，対象会社の市場株価がその本源的価値と比較して一時的に過大評価されているタイミングを利用して，対象会社の株式を売却する取引を行おうとすることがあるのではないかとの疑念が生じる可能性はある（換言すれば，一般株主から見て，「支配株主は，対象会社の株価が過大評価されているとわかっているからこそ，安い価格であっても急いで売却しようとしているのはではないか」と疑う可能性がある）と言える。

　①買収者と一般株主との間の利益相反の問題と，②買収者と一般株主の間の情報の非対称性の問題については上記のとおりであるが，これに補充する要素として，マーケット・チェックが行われることを期待しづらく，その要否を特別委員会で検討すべき類型であることも指摘できる。マーケット・チェックとは，M&Aにおいて他の潜在的な買収者による対抗提案が行われる機会を確保することであり，(a)当初の買収提案よりも条件のよい対抗提案を行う対抗提案者の存否の確認を通じて，対象会社の価値や取引条件の妥当性に関する重要な

6　(iii)および(iv)について，アンダーソン・毛利・友常法律事務所「公開買付に関する諸論点⑨M&A指針の適用対象ではない公開買付けと公正性担保措置」（令和3年11月18日）。また，(iv)について，企業買収指針別紙2の1.b）。

参考情報が得られる，(b)当初の買収提案者に対して，対抗提案が出現する可能性を踏まえて，対抗提案において想定される以上の取引条件を提示することを促す，といったメリットがあり，これにより，企業価値を高めつつ一般株主にとってできる限り有利な取引条件でM&Aが行われることに資するという機能を有するとされている（公正M&A指針3.4.1）。このようなマーケット・チェックについて，支配株主による従属会社の買収の場合には，対象会社の支配的持分を有している支配株主が対象会社を買収しようとしている場面であるから，仮に対抗提案を行う第三者がいても，支配株主がそれに応じる可能性は低いため，真摯な対抗提案がなされる可能性は低い。このため，マーケット・チェックが公正性担保措置として機能する場面は限定的であるとの指摘がなされている（公正M&A指針3.4.3.2）。

これに対し，支配株主が従属会社の株式を売却する取引においては，通常は買収者と支配株主との間で応募契約が締結されることが通常であるところ，かかる契約は，支配株主が買収者によるTOBに応募することが基本的な内容である一方，より有利な対抗TOBが実施される場合や，従属会社が応募推奨しない場合には，買収者によるTOBに応募しないことが許容される旨の条項が規定されることもある[7]。そうだとすれば，応募契約があるからといって対抗TOBが成立しないとは限らず，真摯な対抗提案がなされる可能性が低いとは言えないから，このような取引類型においては，（支配株主による従属会社の買収の場合とは異なり）マーケット・チェックに公正性担保措置としての機能が期待される場面も想定される。もっとも，従属会社としては，支配株主が一定の検討・交渉を経て特定の売却先との間で応募契約を締結している（あるいは，応募契約締結に向けて議論が進んでいる）状況下で，別の売却先の可能性について自らマーケット・チェックを実施したり，支配株主に対しマーケット・チェックを実施するよう提言したりすることは，支配株主の意向に異を唱

---

[7] 支配株主における一種のフィデューシャリー・アウト条項と言える。とりわけ近時は対抗TOBが実施され，当該対抗TOBが成立する事例も出てきており，かかる条項の必要性は高まっていると言えよう。

えることでもあり，支配株主や買収者が想定していたスケジュールから遅れるリスク等も踏まえると，現実的に困難な可能性がある。このような理由によりマーケット・チェックを断念することは，支配株主と一般株主との間の利益相反が具体化する場面であると言えるが，仮に（他の理由によって）マーケット・チェックを実施しないことが合理的であると認められる場合であっても，「マーケット・チェックを行わなかったのは，支配株主に忖度したからである」と少数株主に受け取られることもありうる。このように考えると，支配株主が従属会社の株式を売却する取引においても，少数株主からのかかる疑念を回避する観点では，支配株主から独立した特別委員会を設置し，マーケット・チェックの要否も含め特別委員会において検討することが望ましいと言えるだろう。

　上記は公正性担保措置を実施することの必要性についての議論であるが，特別委員会を設置することの追加的なコストの小ささも，特別委員会を設置するハードルを下げる意味では重要である。すなわち，支配株主が従属会社の株式を売却する取引においては，通常は買収者が当該従属会社（対象会社）に対する公開買付けを行うことになり，対象会社は当該公開買付けに対する意見表明を行うことになるため，有価証券上場規程上の支配株主との重要な取引等に該当し，「少数株主にとって不利益なものでないことに関し，当該支配株主との間に利害関係を有しない者による意見の入手を行う」必要が生じる（有価証券上場規程441条の2）。かかる意見は，必ずしも特別委員会から入手することまでもが義務づけられるわけではないものの，いずれにせよ意見入手が必要なのであれば，特別委員会を設置することは，自然な選択となる（企業買収指針脚注32）。

　さらに，キャッシュ・アウトが予定されている取引に共通する要素であり，必ずしも支配株主が従属会社の株式を売却する取引にのみに当てはまる議論ではないが，少数株主は通常は公開買付価格と同額として設定されるキャッシュ・アウト価格について，価格に不満がある場合には，価格決定請求（株式売渡請求によるキャッシュ・アウトの場合）または株式買取請求（株式併合に

よるキャッシュ・アウトの場合）を行って、裁判所に対し公正な価格での買取りを求めることができることが、制度的に保障されている。したがって、公開買付者または対象会社としては、公開買付価格（＝キャッシュ・アウト価格）が公正な価格であると裁判所に判断してもらえるよう、できる限り手厚い公正性担保措置を取るために、いわば保守的な対応として特別委員会を設置することへのインセンティブが働くことになると考えられる（企業買収指針脚注32）。

これらを踏まえると、公正M&A指針を参照することは相応に意義があると思われる。

(2) 支配株主が従属会社の株式を売却する取引の実例

① 特別委員会の設置状況

筆者らが、公正M&A指針が策定されてから令和5年12月31日までの間に行われた、支配株主が上場会社株式を売却する事例35例を確認したところ、非公開化が予定されている取引が25例、非公開化が予定されていない（上場維持予定の）取引が10例あった。このうち、後者の非公開化が予定されていない取引のうちの4例[8]を除き、すべての取引で特別委員会が設置されていた。

このため、実務的には、支配株主が従属会社の株式を売却する取引においても特別委員会を設置することが多いと言えるが、以下の②では特別委員会を設置する事例において、どのような説明がなされているかを、以下の③においては、特別委員会を設置しない事例でどのような説明がなされているかを、それぞれ述べる。

---

[8] 株式会社丸和運輸機関による令和4年2月18日公表のファイズホールディングス株式会社に対する公開買付けの事例、畑野幸治氏による令和元年11月6日公表の株式会社ぱどに対する公開買付けの事例、大成建設株式会社による令和5年11月9日公表の株式会社ピーエス三菱に対する公開買付けの事例、および、株式会社フリークアウト・ホールディングスによる令和5年8月10日公表のUUUM株式会社に対する公開買付けの事例。

② 特別委員会を設置する事例

　以下では，特別委員会を設置する理由についてどのように説明されているか，対象会社の作成する意見表明プレスリリースの記載を抜粋している。

〈開示例①（昭光通商株式会社による令和3年3月4日付「SKTホールディングス株式会社による当社株券に対する公開買付けに関する意見表明のお知らせ」16頁）〉

　当社は，本取引において昭和電工が公開買付者と合意の上その保有する当社株式の一部を売却することが想定されていたことや，昭和電工が保有する当社株式の一部について本取引の実行後も継続保有することも検討されていたこと等を踏まえ，昭和電工と当社の少数株主の利害が必ずしも一致しない可能性があることに鑑みて，当社の意思決定に慎重を期し，また，当社取締役会の意思決定過程における恣意性及び利益相反のおそれを排除し，その公正性を担保することを目的として，2020年11月5日開催の取締役会において，当社，昭和電工，丸紅グループ，アイ・シグマ・キャピタル及び公開買付者並びに本取引の成否のいずれからも独立した，…3名から構成される本特別委員会を設置し，同委員会による答申内容を最大限尊重した意思決定を行うことを決議いたしました。

〈開示例②（株式会社LIXILビバによる令和2年6月9日付「アークランドサカモト株式会社による当社株式に対する公開買付けに関する意見表明のお知らせ」15頁）〉

　また，当社は，公開買付者及び当社の支配株主（親会社）であるLIXILグループとの間で本合意書が，当社，公開買付者及びLIXILグループの間で本覚書が，それぞれ2020年6月9日付で締結されており，当社においてLIXILグループが所有する本不応募株式を取得する当社自己株式取得を実施することが想定されていること等を踏まえ，当社において，本公開買付けの公正性を担保するとともに，本取引に関する意思決定の恣意性を排除し，当社の意思決定過程の公正性，透明性及び客観性を確保し，利益相反を回避するために，後記「(6)買付け等の価

格の公正性を担保するための措置及び利益相反を回避するための措置等，本公開買付けの公正性を担保するための措置」に記載のとおり，……更に，本公開買付けの公正性を担保するとともに，本取引に関する意思決定の恣意性を排除し，当社の意思決定過程の公正性，透明性及び客観性を確保し，利益相反を回避するために当社，公開買付者及びLIXILグループからの独立性を有し，支配株主との間に利害関係を有しない外部の有識者を含む委員によって構成される特別委員会を2020年2月21日に設置いたしました。

開示例①は，アイ・シグマ・キャピタル株式会社（丸紅株式会社のグループ会社である）のファンドが組成したSPCであるSKTホールディングス株式会社を公開買付者とする，昭和電工株式会社の子会社である昭光通商株式会社に対する公開買付け事例である。この事例では，最終的に公開買付者と昭和電工株式会社が，対象会社株式を85％：15％の割合で所有することとなったが，昭和電工株式会社は所有するすべての対象会社株式を売却するのではなく，一部を残すことが当初から予定されていたとのことである。このため，プレスリリースにおいても，特別委員会を設置した理由として「本取引において昭和電工が公開買付者と合意の上その保有する当社株式の一部を売却することが想定されていたことや，昭和電工が保有する当社株式の一部について本取引の実行後も継続保有することも検討されていたこと等」が挙げられている。これはまさに，上記(1)で述べた，支配株主が取引実行後も（一部ではあるが）買収者と対象会社との間のシナジーを享受できることになるため，一般株主との間で利害関係を異にする事例であると言える。

他方，開示例②は，アークランドサカモト株式会社による，株式会社LIXILグループの子会社である株式会社LIXILビバに対する公開買付け事例である。本事例では，上記の昭光通商株式会社の事例とは異なり，支配株主である株式会社LIXILグループは，最終的には全株式を売却することが予定されていたとのことである。しかしながら，プレスリリースによれば，株式会社LIXILグループは，公開買付者との間の合意に基づき，公開買付けへ応募するのではな

く，対象会社が非公開化後に行う自己株式取得に応募することが予定されていたとのことであり，一般株主とは異なる取扱いがされることが予定されている。このため，プレスリリースにおいても，特別委員会を設置した理由として「当社は，公開買付者及び当社の支配株主（親会社）であるLIXILグループとの間で本合意書が，当社，公開買付者及びLIXILグループの間で本覚書が，それぞれ2020年6月9日付で締結されており，当社においてLIXILグループが所有する本不応募株式を取得する当社自己株式取得を実施することが想定されていること等」が挙げられている。

また，支配株主とまでは言えない，大株主による売却事例であっても，特別委員会を設置する事例は多い。たとえば，以下で取り上げる株式会社新日本科学による株式会社イナリサーチに対する公開買付けは，大株主3名（創業者でもある代表取締役会長，その息子であり主要株主兼筆頭株主である代表取締役社長および代表取締役会長の配偶者）が公開買付者との間で応募契約を締結する事例であり，3名あわせても所有割合は22.69％であるが，特別委員会が設置されている。

〈開示例③（株式会社イナリサーチによる令和4年6月1日付「株式会社新日本科学による当社株券等に対する公開買付けに関する賛同の意見表明及び応募推奨に関するお知らせ」9頁）〉

> そして，当社は，本取引は支配株主による従属会社の買収やいわゆるマネジメント・バイアウトに該当しないものの，当社株式187,400株を所有する当社の代表取締役会長である中川博司氏及び当社株式448,500株を所有する当社の代表取締役社長である中川賢司氏が，公開買付者との間で，その所有する当社株式の全てについて本応募契約をそれぞれ締結する可能性があること等を踏まえ，当社の取締役会において本取引の是非を検討するに際して，当社の意思決定過程の恣意性を排除し，その公正性，透明性及び客観性を担保することを目的として，2022年3月22日開催の取締役会の決議に基づき，……当社及び公開買付者並びに本取引の成否から独立性を有する特別委員会（以下「本特別委員会」といいます。）を設置し……。

開示例③では，上記のとおり，売主となる大株主3名は，（親族関係にあることから一体的に捉えたとしても，）支配株主とまでは言えない。他方，そのうちの2名は代表取締役であり，創業者でもある会長と，その息子で主要株主兼筆頭株主である社長であるから，対象会社に対する影響力という意味では，支配株主に比肩するものがあると推察される（また，少なくとも一般株主から見れば，そのように認識するものと考えられる）。このため，利益相反性を回避する必要性は，支配株主が従属会社を売却する事例にも匹敵するものと考えられ，特別委員会の設置を行ったものと思われる。

③ 特別委員会を設置しない事例

支配株主が従属会社を売却する事例において，特別委員会を設置していなかった2事例のうち，株式会社丸和運輸機関による，ファイズホールディングス株式会社に対する公開買付け事例では，特別委員会を設置しなかった理由を以下のとおり説明している。

〈開示例④（ファイズホールディングス株式会社による令和4年2月18日付「株式会社丸和運輸機関による当社株式に対する公開買付けに関する意見表明及び同社との資本業務提携契約締結に関するお知らせ」20頁)〉

> 公開買付者は，本日現在において，当社株式を所有しておりませんが，公開買付者が当社の支配株主である応募予定株主との間で本応募契約を締結しており，応募予定株主と当社の少数株主との利害が必ずしも一致しない可能性もあることを踏まえ，本公開買付けに係る審議に慎重を期し，本公開買付けの公正性を担保するとともに，本公開買付けに関する意思決定の恣意性を排除し，当社の意思決定過程の公正性，透明性及び客観性を確保し，利益相反を回避するため，公開買付者及び当社はそれぞれ以下のような措置を実施いたしました。なお，本公開買付けは，支配株主による従属会社の買取引やいわゆるマネジメント・バイアウト取引に該当しないこと，本公開買付けにおいては，当社における検討の当初から，公開買付者と当社との間で本公開買付価格に関して協議・交渉を行うことが想定されていなかったことから，当社において本公開買付け検討

に係る特別委員会を設置しておりませんが，本公開買付けについての当社の意見表明における恣意性を排除し，当社の意思決定過程の公正性，透明性及び客観性を確保するべく，下記「③ 当社における利害関係を有しない社外監査役からの意見の入手」に記載のとおり，公開買付者及び応募予定株主と利害関係を有しない者として，当社の社外監査役であり，東京証券取引所に独立役員として届け出ている藤原誠氏及び中喜多智彦からの意見を入手しております。

　上記の事例について，プレスリリースによれば，「応募予定株主と当社の少数株主との利害が必ずしも一致しない可能性もあること」は前提とされている。他方で，本件取引において，売主となる支配株主は，創業者かつ筆頭株主である金森勉氏と，金森氏およびその親族の資産管理会社3社（所有割合は合計で55.31％）であるが，公開買付者は対象会社を非公開化する予定はなく，資本業務提携を行う手段として，金森氏が株式を公開買付者に譲渡する方法を選択したということのようである。このため，譲渡対象株式数から公開買付けによることが必要的な取引であり，このため一般株主も応募できる状態ではあるし，公表日の前営業日と比べて約11.3％のプレミアムも付されているものの，（一般株主と公開買付者ではなく）金森氏と公開買付者の間の相対取引としての色彩が強いと言え，このことから，「本公開買付けにおいては，当社における検討の当初から，公開買付者と当社との間で本公開買付価格に関して協議・交渉を行うことが想定されていなかった」ものと考えられる。

　他方，上記の丸和運輸株式会社の事例と同じく，支配株主が従属会社を売却する事例で，かつ，特別委員会を設置していなかった事例である，畑野幸治氏による，RIZAPグループ株式会社の子会社である株式会社ぱどに対する公開買付けの事例では，特別委員会を設置していない理由については，特段の説明はなされていない。もっとも，この事例では，売主となったのは，支配株主であるRIZAPグループ株式会社および株式会社サンケイリビング新聞社（所有割合5.00％）であるところ，応募予定株式数は，両者の所有する株式数の合計と同数である。また，公開買付価格は，公表前営業日の終値である213円を下

回る170円と設定されている。すなわち，本事例はディスカウントTOBと呼ばれる類型の公開買付けであり，応募契約を締結したRIZAPグループ株式会社および株式会社サンケイリビング新聞社以外の一般株主が応募することは想定されていないものである（一般株主は市場で売却することでより高い価格で売却できるため，TOBに応募することは想定されない）。このため，一般株主の利益を配慮する必要性は低く，特別委員会の設置は不要と判断したものと考えられる。

なお，企業買収指針脚注9（10頁）は，「支配株主の株式をディスカウントTOBで取得することによって経営支配権が移る取引」については，経営支配権は移転するが，一般株主にプレミアムが支払われないことになるところ，「本来は，買収者が一般株主の売却機会を提供し，適正なプレミアムを付した取引条件を示すように，対象会社の取締役・取締役会が真摯に交渉すべきであるとの指摘もある」としている。かかる考え方を踏まえると，株式会社ぱどの事例および丸和運輸株式会社のいずれの事例についても特別委員会の設置がされてもよい取引であったといえる。上記いずれの事案も企業買収指針公表前の事案であったが，今後の同種案件についての実務の動向には注視が必要であろう。

4　独立当事者間のキャッシュ・アウト

(1)　独立当事者間のキャッシュ・アウトにおける課題

公正M&A指針の策定後，独立当事者間のキャッシュ・アウトであっても，特別委員会が設置されるケースが増えている（特に，非公開化を前提としている取引においては，特別委員会を設置する事例が多数である）。他方，前記1のとおり，公正M&A指針2.4では，特別委員会の設置を含む公正性担保措置は，「視点1：取引条件の形成過程における独立当事者間取引と同視し得る

状況の確保」および「視点２：一般株主による十分な情報に基づく適切な判断の機会の確保」の２つの視点から，公正な取引条件を実現するための手段と整理することができると説明されている。そして視点１は，「M&Aが相互に独立した当事者間で行われる場合と実質的に同視し得る状況，すなわち，構造的な利益相反の問題や情報の非対称性の問題に対応し，企業価値を高めつつ一般株主にとってできる限り有利な取引条件でM&Aが行われることを目指して合理的な努力が行われる状況を確保する」ことを目的としている。そうすると，独立当事者間取引は，公正性担保措置の実行を通じて実現を目指していた状態であり，独立当事者間取引においてさらに公正性担保措置を実行することの意義は乏しいように思える。また，公正M&A指針の策定過程における「公正なM&Aの在り方に関する研究会」での議論においても，独立当事者間取引において特別委員会を設置する必要性については，特段の議論がなされていなかったようである。

　それでは，独立当事者間取引において，特別委員会を設置する意義があるとすれば，どのような点に求められるか。

　まず，①買収者と一般株主との間の利益相反の問題については，非公開取引を前提とする限り，すべての株主が売手となる。したがって，MBOの場合における経営者と一般株主や，支配株主による従属会社の買収の場合における支配株主と一般株主のような，構造的な利益相反の問題は生じないというのが，公正M&A指針をベースにすると，原則的な考え方であるように思われる。また，企業買収指針は，「キャッシュ・アウトの提案」については，「取引条件の適正さが株主利益にとってとりわけ重要であると考えられる」ことから，特別委員会の設置が有用であると指摘しているところ，かかる考え方は，「より適正な（一般株主に有利な）取引条件を引き出すためには，取締役会よりも特別委員会が交渉することが望ましい」ことを前提にするはずだが，なぜ特別委員会が交渉することが望ましいのか，企業買収指針は説明していない。企業買収指針3.3は，独立委員会は「取締役会の独立性を補完し，取引の公正性を確保する」ことを目的として設置されるものとしているが，そもそも独立当事者

間取引の場面において，補完すべき「取締役会の独立性」とは具体的に何かが問題として残る。

　この点について，企業買収指針脚注12（11頁）が，「構造的な利益相反とは別の問題として，経営陣・取締役の留任の可否や従業員の処遇等を巡る利益相反の問題，すなわち株主共同の利益よりも経営陣・取締役や従業員等の利益を優先的に考慮するおそれがあるが，その程度は状況にもよるため，MBO等と比較してどの程度の措置が求められるかは個別の判断を要する」と指摘していることは重要であり，この点を敷衍すると，以下のとおり考えられる。すなわち，一般株主から見れば，「対象会社の取締役は，買収により株主でなくなる一般株主より，買収後に親会社になる買付者の利益を重視するのではないか」との不信感・不透明感を抱く可能性はあると考えられるし，実際に買付者の利益を優先するかはさておき，そのような不信感を抱くこと自体は首肯できるように思われる[9, 10]。業務執行取締役の役割（買収後も，対象会社を最も理解する役職員として対象会社に残ることを求められる，または自ら残留を希望する可能性が高く，かかる可能性の高さを前提にすると，買収者の利益を優先してしまいがちであると考えられること[11]）を踏まえれば，かかる不信感は，業務

9　白井正和『友好的買収の場面における取締役に対する規律』（商事法務，平成25年）は，米国での議論を参照しつつ，対象会社の取締役は，買収後の会社における役職の確保や報酬の増額，顧問契約の締結などの形で，本来は株主が享受すべき利益の一部を自らの手中に収めてしまう可能性があり，友好的買収の場面であっても利益相反の問題が生じうることを指摘している。同書は，そのような問題意識を前提に，取締役に対する規律づけを強化する必要性を論じており，特別委員会の活用について直接的に言及するものではないが，独立当事者間取引における特別委員会の活用の適否を検討する前提として利益相反の問題を理解することは重要であり，非常に示唆に富む文献であると思われる。

10　特定多数の株主が存在する上場会社における取締役と，特定の株主のみが存在する非上場会社における取締役を比べた際，市場からの注目を集める前者のほうが，株主の目線を感じながら経営することになるという考え方がありうる一方で，特定の株主による鶴の一声で自らが会社に残るか否かが決まってしまう後者のほうが，株主を意識して経営することになる，という考え方もありうる。また，日本の上場会社において，会社が提案する取締役候補者の選任が否決される事例がごく少数である（したがって，上場会社の取締役は，さほど株主からの評価を気にする必要はないとも言える）ことは，後者の考えを支持する事情と言えるだろう（ただし，アクティビスト株主の増加により，状況は急速に変化しつつある）。

11　買収者側の立場からは，会社の業務に深く知見のある取締役は，（時には取締役ではな

執行取締役に対して強く，社外役員（買収後に対象会社から離れることになるか否かは買付者が決定できるということ自体は業務執行取締役と違いはないものの，業務執行取締役とは異なり対象会社との関係が希薄であって，通常は別途本業を有していることから対象会社での地位に固執しない可能性が高いと考えられる）に対しては弱いと考えられる。そうだとすると，一般株主からしてみると，独立当事者間のキャッシュ・アウトであるとしても，業務執行取締役が主導して買収の是非を検討するよりは，社外役員や社外有識者から構成される特別委員会を設置して，買付者の利益を優先することのないように監督すること等が望ましいとの考え方はありうる[12]。

　また，②買付者と一般株主との間の情報の非対称性についても，買付者が取締役として対象会社の情報を入手することができる，または買付者が派遣取締役を通じて対象会社の情報を入手することができる（あるいは入手してきた）といった事情は通常ないから，基本的には情報の非対称性は問題にならないはずである。もっとも，上場会社の買収案件の場合であっても，友好的な取引であれば，経営陣に対するインタビューや一定のデュー・ディリジェンスを行うことが通常であり，他の株主に比べれば対象会社の情報を入手できることになるから，全く情報格差がないというわけではない。

　　く上級従業員となるようなこともあるが，いずれにせよ）買収後も会社に残ってもらい，引き続き対象会社の業務に従事させるのが一般的な日本のプラクティスであるように思われる。また，取締役の側から見ても，依然として伝統的な終身雇用型の企業が多く人材流動性の低い日本において，典型的な業務執行取締役像は，生え抜き社員が昇進を重ねて取締役となった者，といったものであるように思われ，そのような取締役は，会社に対する愛着や自らの生活の安定のため，買収後も会社に残ることを希望する可能性が高いだろう。白井・前掲注9，50頁も，日本の会社には内部昇進の慣行が存在することから，買収後の会社における役職の確保は特に価値のある重要な利益となっている可能性があることを指摘している。

[12]　公正な買収の在り方に関する研究会第1回における藤田友敬教授の「公正M&A指針が適用される典型であるキャッシュアウトでは，対象会社取締役会が賛成してキャッシュアウトがされるのが典型的なシナリオで，その場合，特別委員会メンバーの社外取締役等は，自分達が職を失うことはすでに覚悟した上で，少数株主のために少しでもよい条件を確保するように行動することになるが，そういう行動は一定の範囲で期待できる」との発言は，業務執行取締役と社外役員の違いを踏まえて，社外役員を中心に構成されることが予定される特別委員会での議論の意義を指摘するものと言える。

加えて，(a)相互に特別の資本関係がない会社間におけるキャッシュ・アウトではない組織再編については，「それぞれの会社において忠実義務を負う取締役が当該会社およびその株主の利益にかなう計画を作成することが期待できる」としても，キャッシュ・アウトの場面では，会社の利益（企業価値）とキャッシュ・アウトされる株主の利益とは必ずしも一致せず，このような場面で取締役はどのように行動する義務を負うか，必ずしも明らかではないため，キャッシュ・アウトされる株主の利益がどこまで守られるかは明らかではないことや，(b)TOBを前置して行われるキャッシュ・アウト（いわゆる二段階買収の取引）において，TOB価格とキャッシュ・アウト価格が同一であることを保証してTOBが行われたとしても，TOBとキャッシュ・アウトのタイムラグから，公開買付けの強圧性が完全に解消されるわけではないこと等から，公正性担保措置を実施する必要がありうる旨を指摘する学説もある[13]。

　このほか，前記3(1)と同様に，キャッシュ・アウトが予定されている場合には，公開買付価格（＝キャッシュ・アウト価格）こそが公正な価格であると裁判所に判断してもらえるよう，できる限り手厚い公正性担保措置を取るために，保守的な対応として特別委員会を設置することへのインセンティブが働くことになる（企業買収指針脚注32）。

　以上のことを踏まえると，少なくとも，一般株主が対象会社の株主として残存することが許容されないキャッシュ・アウトが前提となる取引であれば，独立当事者間取引であっても，公正M&A指針を参照し，社外取締役を中心とした特別委員会を設置することで，より少数株主の保護に資するようにするという方法も，一定の意義はある（あるいは，少なくとも対象会社として，設置する方向に傾きやすいことは理解できる）ように思われる。

---

[13] 藤田友敬「公開買付前置型キャッシュアウトと株式の取得価格」論究ジュリスト20号87頁。もっとも，公正M&A指針においては，公正性担保措置を実施することで，独立当事者間取引を再現することができれば，一般株主の利益を保護することができるという前提で記載されている（また，策定過程もそのような前提で議論されてきた）ように思われることは，すでに述べたとおりである。

(2) 独立当事者間のキャッシュ・アウトの実例

　独立当事者間のキャッシュ・アウトのうち，特別委員会を設置する理由についてどのように説明されているか，対象会社の作成する意見表明プレスリリースを確認すると，以下のとおり，詳細な理由は説明しないことが一般的なようである。

〈開示例⑤（株式会社ミューチュアルによる令和4年5月20日付「株式会社エムズによる当社株式に対する公開買付けに関する意見表明のお知らせ」17頁）〉

> 本取引は支配株主による従属会社の買収取引やマネジメントバイアウト取引には該当いたしませんが，当社取締役会は，本取引が当社株式を非公開化することを目的として行われることを踏まえ，本取引に係る当社取締役会の意思決定の恣意性を排除し，意思決定過程の公正性，透明性及び客観性を確保するために慎重を期して，2022年3月10日，公開買付者，マーキュリアホールディングス，マーキュリアインベストメント及び当社のいずれからも独立した，当社社外取締役及び独立役員である野尻恭氏並びに当社の社外監査役及び独立役員である北川和郎氏及び中西清氏の3名から構成される本特別委員会を設置いたしました。

〈開示例⑥（株式会社キトーによる令和4年5月16日付「当社及びCrosbyグループの経営統合に係るLifting Holdings BidCo株式会社による当社株式等に対する公開買付けの開始予定に関する意見表明のお知らせ」18頁）〉

> また，本取引を含む本経営統合は，支配株主との取引等には該当いたしませんが，本取引の公正性担保につき慎重を期する観点から，西村あさひ法律事務所の助言を踏まえ，公開買付者ら，KKR及び当社並びに本取引を含む本経営統合の成否から独立した，企業価値の向上及び一般株主の利益を図る立場で，本取引を含む本経営統合の是非並びにその取引条件の妥当性及び手続の公正性に係る検

討及び判断を行うための体制の構築を直ちに開始いたしました。具体的には，2022年2月21日に開催した当社取締役会において，当社独立社外取締役である中村克己氏，平井孝志氏及び大澤弘治氏の3名から構成される特別委員会を設置することを決議……。

〈開示例⑦（株式会社N・フィールドによる令和3年2月5日付「株式会社CHCP-HNによる当社株券等に対する公開買付けに関する賛同の意見表明及び応募推奨のお知らせ」23頁）〉

当社取締役会は，当社取締役会の意思決定過程における恣意性を排除し，公正性，透明性及び客観性を担保することを目的として，2020年12月3日開催の当社取締役会において，当社及び公開買付者から独立した，外部の有識者を含む委員によって構成される本特別委員会（本特別委員会の委員としては，税理士として長年の経験と実績，財務的見地に関して豊富な経験と知識を有し，当社の社外取締役監査等委員兼独立役員である前野博氏（税理士，前野博税理士事務所），弁護士として企業法務に携わり，豊富な経験や専門的知識等を有する三村雅一氏（弁護士，S&W国際法律事務所）及び税理士として財務的見地に関して豊富な経験や専門的知識等を有する平野雄一氏（税理士，東京共同会計事務所）を選任しております。

また，独立当事者間のキャッシュ・アウトのうち，特別委員会を設置していない取引事例である，昭和産業株式会社によるボーソー油脂株式会社に対する公開買付けの事例では，以下のとおり，独立社外取締役からの意見聴取を行った旨の記載がなされているが，特別委員会を設置しない理由については，特段の言及はなされていない。

〈開示例⑧（ボーソー油脂株式会社による令和2年5月14日付「昭和産業株式会社による当社株式に対する公開買付けに関する賛同表明及び応募推奨のお知

らせ」15-16頁)〉

> 本「(6)本公開買付価格の公正性を担保するための措置等」に記載のとおり，本公開買付けは支配株主による公開買付けには該当しないものの，本公開買付けを含む本取引の公正性を担保すべく，当社の社外取締役であり，東京証券取引所に独立役員として届け出ている松本裕之氏に対し，本取引に係る当社が表明するべき意見を検討する前提として，(i)本取引は企業価値向上に資するものとして正当であるか，(ii)本公開買付けにおける買付条件（本公開買付価格を含みます。）の公正性が確保されているか否か，(iii)本取引に係る手続が適正であるか否か，及び，(iv)(i)から(iii)の検討を踏まえて，本公開買付けを含む本取引が当社の少数株主にとって不利益なものではないか（以下，(i)ないし(iv)を纏めて「本諮問事項」といいます。）を諮問し，これらの点についての意見を当社取締役会に提出することを嘱託いたしました。

同じく公正M&A指針の直接の適用対象ではない，支配株主が従属会社の株式を売却する取引においては，利益相反が発生しうる事情が（ごく簡単にではあるが）記載されていたが，以上の事例ではそのような記載はなく，恣意性の排除や，公正性等を担保することが抽象的な目的として記載されているにとどまることが指摘できる。各案件においてどのような検討を経て特別委員会が設置されたか（またはされなかったか）は，公開情報からは明らかではないが，上記(1)で述べたとおり，独立当事者間のキャッシュ・アウトにおいて特別委員会がどのような理由で設置されるか，その役割が必ずしも明確ではないことも，上記のような開示にとどまっていることの理由の1つではないかと推察される。

(3) 独立当事者間のキャッシュ・アウトにおいて特別委員会を設置することの意義

上記(1)のとおり，独立当事者間のキャッシュ・アウトにおいて特別委員会の設置を含む公正性担保措置を実行することについては一定の意義もあると考えられるものの，上記(2)のとおり，実際のプレスリリースを確認する限り，どの

ような理由で特別委員会が設置されたのか，特別委員会を設置することが少数株主保護にとってどのような意味で（またどの程度の）意義があるかについては，判然としない。このため，本書の最後の項として，この点について若干の検討を試みることとしたい。

まず，M&A取引における対象会社の取締役会の役割について改めて検討すると，MBO等も含めこれまで検討した類型のほとんど（第三者割当増資によるもの以外）は，買収者が公開買付けを行うことが前提となっている。このため，①買収者から提案を受けた取引を前向きに検討し，買収者による検討に協力するかの判断を行うこと（具体的には，デュー・ディリジェンス等を受け入れるかの判断を行うこと），②買収者が提案する公開買付価格を中心とする買収条件について，一般株主に代わって交渉すること，③最終的に買収者が決定した買収提案について，取締役会として賛同するか否か，応募推奨するか否かを決定し，開示すること，といった事項が，対象会社の取締役会の役割である。これらの役割は，対象会社の事業や経営環境，買収者との間に生じうるシナジー等について理解する必要があるから，取締役会が担うべき事項であって，一般株主が担うことは不可能であるし，適切ではない。また，取締役会を構成する取締役は，会社に対する善管注意義務および忠実義務を負っているから，当該義務違反があれば個人としても責任を負いうる立場にある[14]ため，かかる観点からも上記の役割を担うべきものである。

その上で，公正M&A指針およびその策定過程の議論を検討すると，そもそも，相互に特別の資本関係がない会社間の株式移転に関するテクモ事件最高裁決定[15]では，「株主の判断の基礎となる情報が適切に開示された上で適法に株主総会で承認されるなど一般に公正と認められる手続により株式移転の効力が

---

14 公正M&A指針3.2.4.2のBは，特別委員の属性についての議論ではあるが，社外取締役が適任であることの根拠として，「社外取締役は，①株主総会において選任され，会社に対して法律上義務と責任を負い，株主からの責任追及の対象ともなり得ること，②取締役会の構成員として経営判断に直接関与することが本来的に予定された者であること，③対象会社の事業にも一定の知見を有していること」を指摘している。
15 最決平成24・2・29民集66巻3号1784頁

発生した場合には，当該株主総会における株主の合理的な判断が妨げられたと認めるに足りる特段の事情がない限り，当該株式移転における株式移転比率は公正なものとみるのが相当である」とされている。かかる判断は，①会社に対して忠実義務を負う取締役が，会社および株主全体の利益のために組織再編契約等を作成することが期待できること，ならびに②株主は組織再編契約等の内容が株主としての利益に与える影響を考慮した上で，当該組織再編契約等に賛成するか否かを判断する機会を与えられていること，の2点を根拠とするものである。

　これに対し，公正M&A指針の策定にあたって最も参照されたと考えられる判例であるジュピターテレコム事件は，独立当事者間取引ではなく，支配株主による従属会社の買収の事案であり，支配株主と少数株主との間には利益相反が存在する状況であることを前提に，かかる利益相反関係の存在により意思決定過程が恣意的になることを排除するためには，特別委員会や専門家への意見聴取等が必要であると判断しているものである。このような判例の枠組みを踏まえ，公正M&A指針2.4では，特別委員会の設置を含む公正性担保措置の目的の1つを，「M&Aが相互に独立した当事者間で行われる場合と実質的に同視し得る状況，すなわち，構造的な利益相反の問題や情報の非対称性の問題に対応し，企業価値を高めつつ一般株主にとってできる限り有利な取引条件でM&Aが行われることを目指して合理的な努力が行われる状況を確保する」ことであると規定している。すなわち，特別委員会はあくまでも独立当事者間の交渉を再現するための手段として位置づけられている。

　これに対し，上記(1)での議論を整理すると，(i)まず，「取締役は会社に対する忠実義務を負うことから，取締役が一般株主の利益に配慮した行動を取ることが期待できる」という命題について疑問が投げかけられており，取締役の負う忠実義務がM&A取引の場面で具体的にどのような義務になるのか（取締役がどのように行動することを義務づけるものであるか），判例上は明らかではなく，独立当事者間取引であっても（またはそのような取引と実質的に同視しうる状況であっても），取締役に対する規律づけとして不十分ではないか，と

いった指摘がなされていると言える。

　また、(ii)TOBを先行させる、いわゆる二段階買収の場合において、TOBとキャッシュ・アウトのタイムラグから、公開買付けの強圧性が完全に解消されるわけではなく、この場合には公正性担保措置が必要となりうることについても指摘されている。これについて公正M&A指針では、「公開買付けにより大多数の株式を取得した場合には、特段の事情がない限り、可及的速やかにスクイーズ・アウトを行うこと」を望ましい実務的な対応として指摘しているにとどまるし[16]（公正M&A指針3.7 b)、企業買収指針別紙2、1 c)）も、上限を設定せず（全部買付け）、買付け後の株券等所有割合を株式併合などができる水準となるように下限を設定し、公開買付け成立後に公開買付価格と同額でキャッシュ・アウトを行うことを予告する二段階買収では、強圧性の問題は排除されていると考えられるとしていて、タイムラグの問題については言及していない。

　加えて、(iii)公正M&A指針では、MBO等における構造的な利益相反の問題が注目されているが、独立当事者間のキャッシュ・アウトであっても、企業買収指針脚注12（11頁）が示唆するように、業務執行取締役は買収後の留任といった株主共同の利益とは異なる利益を確保するために、結果として一般株主よりも買収者の利益を優先してしまうおそれがあるのではないか、ということも指摘できると言えよう。

　他方、上記の問題点はいずれも、MBO等においても当てはまる問題であるように思われる。すなわち、独立当事者間のキャッシュ・アウトにおいては、MBO等の場面とは異なる独自の問題があるというわけではなく、MBO等は、独立当事者間のキャッシュ・アウトと比べて、より利益相反等の問題が先鋭化

---

[16] TOBの決済のタイミングとスクイーズ・アウト後に支払を受けられるタイミングは、スクイーズ・アウトがどのような法形式で行われるかによっても異なるが、株主総会が必要となる株式併合の場合であれば、3カ月以上の間隔があくことが一般的である。現状の制度を前提とする限り、かかるタイムラグを縮めることは難しい（上場会社において株主総会開催に必要となる時間や、裁判所で端数相当株式任意売却許可決定を得るために必要な時間など、当事者の努力によって縮めることのできない期間が多い）が、かかるタイムラグにより生じる強圧性の問題を重視するのであれば、そもそもTOBを前置しない方法によるスクイーズ・アウトを行うことも、検討に値するのかもしれない。

しやすい局面であるということである。この結論は直観的に納得できるところであるし，公正M&A指針がまずもってMBO等をその検討対象としていることと整合的である。

　そうすると，独立当事者間のキャッシュ・アウトについては，MBO等と重複する問題点があることを踏まえて，どの程度の公正性担保措置を取るのか（あるいは取らないのか），ということが問題となり，企業買収指針3.3がMBO等以外の一般的な買収について，常に特別委員会の設置を必要とすることは会社の負担を過度なものとするおそれがあることを指摘していることとも整合する。この点について，実務的には特別委員会を設置する方向に進んでいるのは上記(2)のとおりであるが，いくつか留意すべきと思われる事項を指摘したい。

　まず，特別委員会は万能な機関ではないということである。上記のとおり，M&A取引における取締役会の役割を遂行するためには，対象会社の事業や経営環境，買収者との間に生じうるシナジー等についての理解が不可欠である。特別委員会がこのような能力を有するかについては，ケースバイケースであるが，最も対象会社の事業に通じていると思われる社外取締役のみから構成されるとしても，業務執行取締役と比較すると，必然的に限界がある。このため，（利益相反等の問題さえなければ，）本来的には少数株主に対する善管注意義務を踏まえ，これまでの業務を通じて培ってきた能力を活かして対応すべきであった業務執行取締役の役割が大きく後退するのだとすれば（たとえば，業務を十分理解している業務執行取締役が買収者との交渉に参加できず，買収者との間で有意義な交渉ができないことになってしまうのであれば），少数株主保護の観点ではむしろ望ましくない可能性もあるように思われる[17]。

　また，特別委員会を設置・運営する場合，特別委員会と執行サイドとの両者での検討が必要となり，別のアドバイザーを雇用するかはさておき，アドバイ

---

[17]　企業買収指針脚注33（21頁）は，買収防衛策の発動の場面を念頭に，特別委員会の勧告に従ったからといって，取締役会の判断が正当化されることにはならないことを指摘しているが，キャッシュ・アウトの場面であっても同様のことが言えるだろう。

ザリー費用も追加で要することとなるから，時間やコストが追加的に発生することも否定できない[18]。

このため，独立当事者間のキャッシュ・アウトにおいて特別委員会を設置すべきか否か，設置するとして特別委員会にどのような役割を担わせるべきか（また，業務執行取締役の役割をどのように縮減させるべきか）については，企業買収指針3.3が指摘するとおり，個々の事案ごとに，利益相反の程度，取締役会の独立性を補完する必要性，市場における説明の必要性の高さ等に応じて，特別委員会の設置・運営のコストも踏まえて，慎重に検討されるべきである。

上記のとおり，筆者らとしては，「特別委員会を設置することは，少数株主の保護としては常に望ましい」と考えることはいささか短絡的に過ぎるように思うものの，他方，テクモ事件やジュピターテレコム事件において，公正な価格の判断過程で「一般に公正と認められる手続」がなされているか否かに注目されていること，および，実務的には（特に一般株主が公正な価格か否かについて裁判所の判断を求めることのできるキャッシュ・アウトの場面では）特別委員会を設置する事例が実際上増えていること（また，企業買収指針の記載を踏まえると，スクイーズ・アウトの場面では今後特別委員会を設置する事例がさらに一般化すると思われること）を踏まえると，特別委員会を設置しないと，「一般に公正と認められる手続」が行われたと認められづらくなると考える余地もある。このようなリスクを踏まえると，特別委員会を設置しないという選択肢は実際上は採りづらいという立場は理解できる。したがって，実務の流れとしては，上記のような業務執行取締役が本来発揮すべき能力が十分発揮できるように留意した上で特別委員会を運営していくなどの配慮を行いつつも，独立当事者間のキャッシュ・アウトであっても特別委員会を設置する方向に傾いていくのではないかと思われる。今後，企業買収指針を踏まえたプラクティスが蓄積されることになるが，どのような方向に実務が進んでいくか，注視していく必要があろう。

---

18 かかる追加的な費用は，理論的には買収価格に反映されることになり，一般株主にとってもデメリットとなりうる。

公正M&A指針索引

公正M&A指針1.4 ……………………… 184
公正M&A指針2.4 ………… 186, 201, 210
公正M&A指針3.2.1 ………………… 2, 3
公正M&A指針3.2.2 ……………… 142
公正M&A指針3.2.3 …………… 3, 142
公正M&A指針3.2.4.1 ……… 142, 143
公正M&A指針3.2.4.2 A …… 151, 154
公正M&A指針3.2.4.2 B …… 152, 154, 164
公正M&A指針3.2.4.2 B a) ……… 154
公正M&A指針3.2.4.2 B b) ……… 155
公正M&A指針3.2.4.3 ……… 145, 153
公正M&A指針3.2.4.5 ……………… 158
公正M&A指針3.2.4.7 ……………… 161
公正M&A指針3.2.6 ………… 145, 171
公正M&A指針3.3.1 ………………… 164
公正M&A指針3.4.1 ………………… 193
公正M&A指針3.4.3.2 ……………… 193
公正M&A指針3.7 b) ………………… 211
公正M&A指針脚注2 ………………… 187
公正M&A指針脚注34 ……………… 162
公正M&A指針脚注48 ……………… 165
公正M&A指針脚注50 ……………… 165

企業買収指針索引

企業買収指針3.2.2 188
企業買収指針3.3 ...... 185, 202, 212, 213
企業買収指針脚注9 201
企業買収指針脚注12 .... 203, 211
企業買収指針脚注32 .... 194, 195, 205
企業買収指針別紙2，1 c) 211

事項索引

英数

DCF法 …………………………… 115
MBO ……………………………… 2
MBO指針 ………………………… i
MBO等 …………………………… 2

あ

委員の独立性 …………………… 150
意見表明プレス ………………… 46
意見表明報告書 ………………… 42
インタビュー …………………… 111

か

開催場所 ………………………… 169
買付候補者との質疑応答 ……… 26
外部アドバイザー ………… 158, 164
価格決定請求 …………………… 194
株式買取請求 …………………… 194
株式等売渡請求 ………………… 5
株式併合 ………………………… 5
企業価値の向上及び公正な手続確保のための経営者による企業買収（MBO）に関する指針 ……………………… i
企業買収指針 …………………… i
企業買収における行動指針—企業価値の向上と株主利益の確保に向けて— …………………………… i
公開買付け ……………………… 37
公開買付開始プレス …………… 44
公開買付届出書 ………………… 38
交渉権限 ………………………… 117
公正M&A指針 ………………… i, 33

公正性担保措置 ………………… 22
公正なM&Aの在り方に関する指針
　—企業価値の向上と株主利益の確保に向けて— …………………… i
公正な価格 ……………………… 23
構造的な利益相反 …………… 2, 190
コーポレートガバナンス・コード … 90

さ

事業計画 ………………………… 110
市場株価法 ……………………… 114
支配株主による，上場会社である従属会社の買収 …………………………… 2
諮問事項 ………………………… 105
社外監査役 ……………………… 151
社外取締役 ……………………… 151
社外取締役への委託 …………… 85
社外役員 ………………………… 151
社外有識者 ……………………… 157
ジュピターテレコム事件 … 210, 213
情報管理体制 …………………… 175
情報の非対称性 ………………… 192
スクイーズ・アウト取引 ……… 4
スケジュール ……… 94, 96, 102, 168

た

第三者委員会 …………………… 4
ディスカウントTOB …………… 201
テクモ事件 ……………………… 213
テクモ事件最高裁決定 ………… 209
手続の公正性 …………………… 123
同意なき買収 …………………… ii

答申 ………………………………… 106
答申書 ……………………………… 121
特別委員会に関する情報開示 ……… 36
特別委員会の開催回数 ……………… 99
特別委員会の議事録 ……………… 178
特別委員会の設置期間 …………… 101
特別の利害関係 …………………… 144
特別利害関係取締役 ……………… 147
独立当事者間のキャッシュ・アウト
　………………………………… 201

は

バリュエーション ………………… 113

プロジェクトチーム ……………… 170

ま

マーケット・チェック ………… 125, 192
マジョリティ・オブ・マイノリティ
　………………………………… 118

や

有価証券上場規程432条 …………… 188
有価証券上場規程441条の2 ……… 194

ら

類似会社比較法 …………………… 114

【編著者紹介】

森本　大介（もりもと・だいすけ）
弁護士（西村あさひ法律事務所パートナー）・ニューヨーク州弁護士
2000年東京大学法学部卒業，2001年司法修習修了（54期），2005年九州大学ビジネススクール客員助教授，2007年ノースウエスタン大学ロースクール卒業（LL.M.），2007年〜2008年カークランド・アンド・エリス法律事務所（シカゴ・ロサンゼルス）勤務
【主な著書】
『AI・データ関連契約の実務—AI技術，限定提供データの創設を踏まえて』（共著，中央経済社，2020年），『秘密保持契約の実務（第2版）—作成・交渉から営業秘密／限定提供データの最新論点まで』（共著，中央経済社，2019年），『M&A法大全〔全訂版〕』（共著，商事法務，2019年），『危機管理法大全』（共著，商事法務，2016年），『会社法改正要綱の論点と実務対応』（共著，商事法務，2013年），『実例解説　企業不祥事対応—これだけは知っておきたい法律実務』（共著，経団連出版，2012年）等

小林　咲花（こばやし・さっか）
弁護士（西村あさひ法律事務所パートナー）・ニューヨーク州弁護士・テキサス州弁護士
2006年東京大学法学部卒業，2008年東京大学法科大学院卒業，2009年司法修習修了（62期），2012年〜2013年KDDI株式会社出向（企業戦略部課長），2016年カリフォルニア州立大学バークレー校ロースクール卒業（LL.M.），2016年〜2017年ノートンローズ・フルブライト法律事務所（ヒューストン）勤務，2021年〜株式会社スカラ社外取締役，2023年〜バリュー・クエスト・パートナーズ株式会社社外監査役
【主な論文等】
「MBOや上場子会社の買収などで増加傾向　M&Aにおける特別委員会組成の実務」（共著，ビジネス法務，2021年），「頻発する事案に他人事ではいられない 敵対的買収の法的留意点」（共著，旬刊経理情報，2020年）等

【著者紹介】

白澤　秀己（しらさわ・ひでき）

弁護士（西村あさひ法律事務所）

2015年東京大学法学部卒業，2016年司法修習修了（69期），2024年カリフォルニア州立大学バークレー校ロースクール卒業（LL.M.）。

【主な論文等】

「アクティビストの最新動向と対応実務」（共著，資料版商事法務，2023年），「敵対的買収への企業対応の最新動向（連載）」（共著，ビジネス法務，2021年）等

金﨑　拓磨（かなさき・たくま）

弁護士（西村あさひ法律事務所）

2015年東京大学法学部卒業，2017年東京大学法科大学院修了，2018年司法修習修了（71期）。

【主な論文】

「The Corporate Governance Review-ThirteenthEdition（Japan Chapter）」（共著，Law Business Research，2023年），「Lexology In-Depth：Corporate Governance-Edition 14（Japan Chapter）」（共著，Law Business Research，2024年）

金子　弘平（かねこ・こうへい）

弁護士（西村あさひ法律事務所）

2015年東京大学法学部卒業，2017年東京大学法科大学院修了，2018年司法修習修了（71期），2024年ニューヨーク大学ロースクール卒業（LL.M.）。

【主な著書】

『働き方改革とこれからの時代の労働法〔第2版〕』（共著，商事法務，2021年）

中村　日菜美（なかむら・ひなみ）

弁護士（西村あさひ法律事務所）

2019年一橋大学法学部卒業，2019年司法修習修了（72期）。

黒崎　万里（くろさき・まり）

弁護士（西村あさひ法律事務所）

2017年慶應義塾大学法学部法律学科卒業，2019年慶應義塾大学法科大学院修了，2020年司法修習修了（73期）。

「M&A特別委員会」設置・運営の実務

2024年9月5日　第1版第1刷発行

編著者	森・本・大・介	花己磨平美里
	林・咲	
著　者	小・白・澤・秀・拓	
	・金・崎・弘	
	金・子・村・日	菜
	中・黒・崎	万

発行者　山　本　　　　継

発行所　㈱中央経済社

発売元　㈱中央経済グループ
　　　　パブリッシング

〒101-0051　東京都千代田区神田神保町1-35
電話　03 (3293) 3371 (編集代表)
　　　03 (3293) 3381 (営業代表)
https://www.chuokeizai.co.jp
印刷／東光整版印刷㈱
製本／㈲井上製本所

Ⓒ 2024
Printed in Japan

＊頁の「欠落」や「順序違い」などがありましたらお取り替えいたしますので発売元までご送付ください。（送料小社負担）
ISBN978-4-502-47641-9　C3032

JCOPY〈出版者著作権管理機構委託出版物〉本書を無断で複写複製（コピー）することは、著作権法上の例外を除き、禁じられています。本書をコピーされる場合は事前に出版者著作権管理機構（JCOPY）の許諾を受けてください。
JCOPY〈https://www.jcopy.or.jp　eメール：info@jcopy.or.jp〉